도전! 성경 1000독

포기하지 않고 할 수 있는 말씀통독 실전 특강

도전!
성경
1000독

조상연 지음

규장

책장에 꽂힌 성경은 펼치지 않으면
읽혀지지 않습니다.

마음속에 새겨진 성경도 펼치지 않으면
살아지지 않습니다.

만약 당신이 성경을 펼치면
그것을 읽게 될 것입니다.

만약 당신이 성경을 읽으면
그것을 믿게 될 것입니다.

만약 당신이 성경을 믿으면
그것으로 살게 될 것입니다.

성경을 펼치면 새로운 인생이 펼쳐집니다!

성경책이 낡아질수록

우리의 삶과 마음은 더욱 새로워진다.

성경은 원래부터 단 것이다.

생명이 담긴 말씀이기 때문이다.

그런데 환자가 무슨 음식을 먹어도 쓴맛만을 느낄 때가 있듯이

영적으로 병이 들면

말씀이 쓰게 느껴질 수 있다.

* 편집자 주 : 각 부의 별장에 실린 내용과 도표는 레제나하우스 성경통독 세미나 자료를 그대로 실었습니다.

잠들어 있는 성경을 깨우라

- '말.포.자'(말씀읽기 포기자)를 위해

사람이 성경을
졸리게 한다

성경은 전 세계적으로 가장 많이 팔린 책이다. 그런데 가장 읽히지 않는 책도 성경이다. 책장 안에 꽂혀서 잠든 성경은 펼쳐지지 않기 때문이다. 마음속에 담겨 잠든 성경은 결코 삶으로 살아지지 않는다.

사람들은 일반적으로 성경이 사람을 졸리게 한다고 생각한다. 반대로 사람이 성경을 졸리게 한다고 생각해본 적이 있는가? 그렇다. 성경이 사람을 졸리게 하는 게 아니라 사람이 성경을 졸리게 한다.

성경은 사람에게 하나님의 말씀을 믿으라고 하는데 사람은 성경을 이해하려고 하기 때문이다. 이해할 수 없는 성경과 믿을 수 없는 사람이 만나면 믿지도 못하고 이해할 수도 없으니 사람은 졸리고 성경은 잠들어버린다. 따라서 지루하고 따분하고 졸린 인생으로 살지 않

7

으려면 성경을 깨워야 한다. 성경은 따분한 책이 아니다. 성경은 사람이 조는 모습을 거울처럼 보여줄 뿐이다.

우리는 잠든 성경을 깨워야 한다. 성경의 거울을 통해 나 자신을 깨워 자신의 모습을 보아야 한다. 잠든 성경을 깨우려면 믿어야 한다. 이해하고 믿는 게 아니라 믿음이 먼저다. 무협지보다 더 무협지 같은 성경은 이해할 수 있는 내용이 아니다.

구원이 은혜의 믿음으로 출발한 것처럼 성경은 하나님의 은혜로 믿어진다. 그런데 우리가 믿지 못하고, 말씀대로 살지 못하게 만드는 몇 가지 이유가 있다.

현미밥 같은
말씀

성경이 잠들어 있는 건 사람이 그 안의 진리를 알고 싶어 하지 않기 때문이다. 그런데 성경의 진리를 알고 싶냐고 물으면 그렇다고 대답을 한다. 맛도 없고 재미도 없다고 하면서 왜 알고 싶은가? 그냥 마음뿐이다. 성경이 지루하고 재미없는 이유는 성경에 있지 않고 사람에게 있다. 진리보다 비진리를 훨씬 더 달콤하다고 생각하기 때문이다. 그러면 그 안의 진리가 보이지 않는다.

성경을 평면적 지식으로만 보고 입체적으로 보지 않기에 성경을 배우고도 진리를 모른다. 성경을 평면적 지식으로 보면 지루하고 따분해서 졸음이 쏟아진다. 성경은 동영상을 글로 표현한 것과 같다. 그래서 성경을 읽으며 동영상이 머릿속에 그려지면 재미있다. 그 눈을 열고 봐야 되는데 비진리가 더 달콤하기 때문에 그 눈이 닫혀 있다.

우리가 일상에서 먹는 현미밥과 백미밥을 생각해보자. 몸에 좋은 현미보다 백미가 더 맛있다. 몸에 좋은 음식은 대부분 맛이 없어 먹지 않는 경우가 많다. 먹고살기 힘든 시절에는 음식의 맛보다 배를 채우는 게 더 중요했다. 그런데 요즘은 음식을 먹는 게 아니라 형식과 맛을 먹는 시대인 것 같다.

성경도 진리를 먹는 게 아니라 지식을 먹고 형식을 차린다. 예전에 설교는 복음이었다. 그러나 시대가 타락하면서 복음이 점점 형식화되었다. 말씀은 생명이다. 살기 위해서 밥을 먹었던 그 시대처럼 말씀도 살기 위해 먹어야 한다. 형식이나 이론을 갖추는 것도 필요하지만 먹지 않으면 살 수 없기 때문이다.

어느 가정이 먹을 쌀이 없어 굶고 있었다. 아버지는 식구들에게 밥을 먹이기 위해 형편이 어려운 가정에 쌀을 나누어 주는 곳으로 갔다. 직원이 쌀을 자루에 담아주면서 "무겁겠습니다"라고 말했다. 그러나 쌀자루가 무거울수록 아버지의 마음은 가벼웠다.

아버지는 얻어가는 쌀로 가족을 먹여 살릴 생각에 자루가 가볍게 느껴졌다. 짐을 배달하는 짐꾼이라면 짐이 무거울수록 무겁게 느끼겠지만, 가족이 먹어서 피가 되고 살이 되는 거라면 무거울수록 가볍게 느껴질 것이다.

이처럼 하나님의 말씀을 먹어야만 살 수 있다고 믿는다면 성경이 무겁지 않을 것이다. 예수님이 말씀하셨다. "내 짐은 가벼움이라"(마 11:30). 그 의미가 무엇인가? 말씀 아니면 살 수가 없다고 생각하는 사람에게 말씀은 복음이고 진리이기에 가볍다.

하나님의 말씀이 정말 필요한 사람에게는 그 말씀이 달콤하게 들린다. 힘들고 어려운 환경 속에서도 앞길이 보인다면 힘이 들수록 복되고 영광스러울 것이다.

술이 쓰다는 사람이 있는가 하면 달다는 사람이 있다. 도대체 누구의 말이 맞는가? 둘 다 맞는 것 같다. 처음에 술을 마실 때는 쓸지 모르지만 계속 마시다보면 결국 달다고 한다. 성경도 처음 읽으면 무슨 말인지 잘 몰라서 쓴맛이 나겠지만 계속 읽으면 단맛을 느낄 수 있다. 술맛을 아는 사람이 술을 찾듯 말씀의 맛을 아는 사람이 말씀을 찾게 된다.

그런데 간혹 입맛이 없을 때가 있다. 그때는 씀바귀같이 쓴 걸 먹으면 입맛이 돌아온다고 한다. 말씀의 입맛을 찾으려면 말씀이 여전히 써도 읽어야 된다.

하나님의 말씀은 달고 오묘한 맛이다. 말씀의 맛을 아는 사람, 말씀의 입맛을 찾으려는 사람과 함께 성경을 읽으면 꿀맛이 난다. 처음엔 쓰디쓰지만 계속 읽으면 달고 오묘해진다. 꿀과 송이꿀보다 달고 오묘한 말씀을 닳아지도록 읽으면 점점 달게 느껴진다.

성경책이 낡아질수록 우리의 삶과 마음은 더욱 새로워진다. 성경은 원래부터 단 것이다. 생명이 담긴 말씀이기 때문이다. 그런데 환자가 무슨 음식을 먹어도 쓴맛만을 느낄 때가 있듯이 영적으로 병이 들면 말씀이 쓰게 느껴질 수 있다.

하나님보다
더 달콤한 세상

성경은 이해하기보다 믿어야 하는 책인데 그렇게 못하는 사람들이 있다. 이는 달콤한 세상을 하나님보다 더 사랑하기 때문이다. 우리의 성경이 책상 위나 책장에 고이 잠들어 있는 건 우리가 하나님의 마음을 알고 싶어 하지 않기 때문이다. 세상을 더 사랑하기 때문에 그분의 마음에 관심이 없다.

사람은 누구나 자신이 사랑하는 것에 대해 알고 싶어 한다. 세상이 좋으면 세상을 알고 싶고, 돈이 좋으면 돈을 갖고 싶다. 반대로 사랑하지 않는 것에 대해서는 알고 싶지도 않다. 하나님보다 세상을 더 사랑하는 사람에게 "하나님은 사랑이시다"라고 말하면 부담스러울 수밖에 없다.

또한 하나님의 마음이 묻어 있는 성경에서 그분의 마음이 보이지 않는 건 그저 성경을 공부만 하기 때문이다. 그래서 우리를 사랑하시는 그분의 마음을 이해할 수가 없다.

어느 날, 나를 짝사랑하는 사람이 나타나 매일 선물을 하며 제발 만나달라고 조른다면 어떻겠는가? 무척 부담스러울 것이다. 그런데 서로 사랑하면 매일 만나도 전혀 그렇지 않다. 그러나 짝사랑의 관계는 상대가 사랑한다고 말할수록 피하고 싶을 것이다.

성경은 하나님께서 우리를 사랑한다고 기록하고 있다. 그런데 우리가 세상을 더 사랑하면 상대적으로 하나님께서 우리를 짝사랑하시는 게 된다. 죽음도 마다하지 않으시는 그분의 사랑이 마냥 좋을 수는 없다. 그 사랑을 받아들여 그분을 사랑하려면 세상을 포기해야 하기 때문이다.

"네가 나를 사랑하느냐?"

주님의 이런 질문에 대답할 수가 없다. 주님이 가신 길을 따라갈 수 없기 때문이다. 그러나 서로 사랑하면 가능하다. 그러면 성경읽기도 부담스럽지 않고 사랑의 고백처럼 들린다.

말씀은 하나님의 마음이다. 그분의 마음도 모르고 자기 마음대로 해석하고 묵상하고 적용하기에 성경이 잠들어버리는 것이다. 세상을 더 사랑하는 마음은 돌비와 심비의 차이다. 사람이 계명으로 가르침을 받아 입술로는 하나님을 존경한다고 말하지만 마음은 멀리 떠나 있다(막 7:6). 또한 자기 행위가 악하므로 빛보다 어둠을 더 사랑한다(요 3:19).

어둠은 세상이고 빛은 예수 그리스도이다. 세상을 더 사랑하기 때문에 하나님을 알 수가 없다. 그러므로 심비에 그리스도의 심장을 이식해야 한다. 그리스도의 마음을 품지 않으면 세상만사 돌아가는 건 금방 아는데 하나님의 마음은 잘 모른다. 세상물정에 어두운 사람을 눈뜨게 하는 건 세상의 이야기고, 성경물정을 모르는 사람을 눈뜨게 하는 건 예수 그리스도의 이야기다. 하나님의 마음을 눈치 채고, 그 사랑에 눈뜨게 하는 건 성경이다.

돈에 눈을 뜬다는 건 세상 욕망의 시작이고, 사랑에 눈을 뜬다는 건 행복의 시작이며, 성경에 눈을 뜬다는 건 모든 축복의 시작이다. 육신의 눈으로 외모를 보고, 마음의 눈으로 중심을 본다. 육신의 눈으로 성경을 보고, 성경의 눈으로 하나님을 본다. 성경을 읽으면 세상의 정욕을 보는 눈은 감기고, 하늘의 영광을 보는 성경의 눈이 열린다. '에바다'(막 7:34)의 눈을 떠야 한다.

창조주보다 높아지려는
피조물의 교만

사람은 성경에 조명받고 싶어 하지 않는다. 하나님의 말씀이 죄를 밝히 드러내는 걸 원하지도, 좋아하지도 않기 때문이다. 성경이 나를 투시(透視)해서 내 죄가 적나라하게 드러나는 게 부끄럽다. 사람은 죄는 감추고, 상대적으로 잘한 건 드러내고 싶어 한다. 이것을 '교만'이라고 한다.

교만하면 죄의 모습을 볼 수가 없다. 성경은 죄와 교만을 '들보'로 설명하기도 한다. 바리새인과 세리의 기도를 통해 예수님이 교만에 대해 설명하셨다. 교만하면 자기의 모습을 볼 수가 없다. 그런 나를 정확하게 드러내고 설명하는 게 바로 하나님의 말씀이다.

성경은 우리 눈에서 교만의 들보를 빼내고 거룩하고 흠 없게 한다. 말씀이 죄를 드러내고 깨끗하게 한다. 그래서 읽으면 읽을수록 감사하고 은혜롭다. 처음에는 사람이 성경을 읽지만 계속 읽으면 성경이 사람을 읽는다. 취하도록 읽으면 성경을 통해 자신을 조명하게 된다. 하나님의 말씀은 반드시 효력이 있다.

성경을 읽는 방법도 다양하다. 어떤 방법으로라도 읽을 수 있다면 일단은 성공이다. 성경읽기의 고정관념을 깨야 한다. 그러면 성경이 나를 깨닫게 하고, 옳은 길로 인도한다. 내가 이해하는 게 아니라 성경이 날 이해시키고, 내가 묵상하는 게 아니라 성경이 날 묵상시킨다.

새벽을 깨운다는 말이 있다. 이 원리에 의해 성경을 깨우게 된다. 빛이 어둠을 갈라낸다. 성경을 깨우는 것은 진리와 비진리를 갈라내는 '안경'(眼鏡)을 끼는 것이다. 부패한 사람의 마음과 하나님의 마음을 갈라내는 '심경'(心鏡)을 끼는 것이다. 또 '색경'(거울의 사투리)으로 보는 것이다. 그렇게 자기를 보는 것처럼 패역한 죄와 하나님의 거룩을 보는 생명의 빛이 하나님의 말씀이다.

안경은 눈으로 보는 거울이다. 말씀을 입체적 진리로 보는 안경이 필요하다. 성경이 잠들어 있는 건 사람이 성경의 진리를 알고 싶어 하지 않기 때문이라고 앞서 말했다. 성경의 진리가 내가 보고 듣고 알고 싶은 내용이 아니기 때문이다. 성경을 깨우는 안경은 하나님의 말씀인 성경이 지식과 상식을 넘어서 진리로 보이는 안경을 말한다.

심경은 마음으로 보는 거울이다. 말씀을 하나님의 마음으로 보는 안경이 필요하다. 성경이 잠들어 있는 건 사람이 하나님의 마음을 알고 싶어 하지 않기 때문이라고 설명했다. 하나님의 은혜와 사랑이 내게 부담스럽다. 왜냐하면 내가 하나님보다 세상을 더 사랑하고 있기에. 성경을 깨우는 안경은 성경을 사랑하고, 그리스도의 마음으로 보는 안경이다.

색경은 나를 보는 거울이다. 말씀을 통해 나를 보는 안경이 필요하다. 성경이 잠들어 있는 건 사람이 성경에 조명당하고 싶어 하지 않아서다. 하나님의 거룩 앞에 죄로 인해 벗은 자신의 모습이 부끄럽기 때문이다.

성경을 깨우는 안경은 성경을 통해 자신을 드러내는 투시의 안경이다. 이제 이 안경을 끼고서 성경을 깨우고, 자신을 깨우며, 세상을 깨우자.

조상연

contents

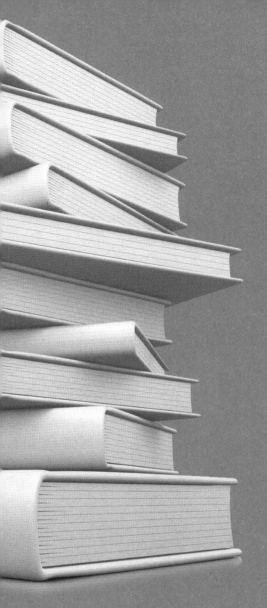

나를 읽는 말씀읽기

가정을 세우는 말씀읽기

교회를 깨우는 말씀읽기

1
성경
1000독
간증

1000 999 998 997 996 995 994 993 992 991
990 989 988 987 986 985 984 983 982 981
980 979 978 977 976 975 974 973 972 971
970 969 968 967 966 965 964 963 962 961
960 959 958 957 956 955 954 953 952 951 950 949
948 947 946 945 944 943 942 941 940 939 938 937
936 935 934 933 932 931 930 929 928 927 926 925
924 923 922 921 920 919 918 917 916 915 914 913
912 911 910 909 908 907 906 905 904 903 902 901
900 899 898 897 896 895 894 893 892 891 890 889
888 887 886 885 884 883 882 881 880 879 878 877
876 875 874 873 872 871 870 869 868 867 866 865
864 863 862 861 860 859 858 857 856 855 854 853
852 851 850 849 848 847 846 845 844 843 842 841
840 839 838 837 836 835 834 833 832 831 830 829

01

나를 읽는 말씀읽기

성경은 두껍고
인생은 짧다

나는 이 세상이 어떤 곳인지 전혀 모르는 채로 태어났다. 물론 모든 사람이 그렇게 출생한다. 또 학교가 어떤 곳인지 잘 알지 못한 채학교에 다니기 시작했다. 시간이 지나고 자라면서 세상이 어떤 곳인지, 학교가 어떤 곳인지 알게 되었다.

그리고 조금 더 자란 후에는 교회에 다녔다. 그때까지도 교단과교회가 그리 많은 줄 몰랐다. 교회를 다니다가 훗날 신학을 공부하면서 조금씩 알게 되었다. 그러나 신학을 공부하면서도 내게는 풀리지 않는 의문이 하나 있었다. 아직 한 번도 가보지 못한 곳, 우리의본향인 천국이 늘 궁금했다.

성경을 통해 천국은 하나님께서 계신 곳이고, 주님과 함께 왕 노릇하며 사는 영원한 나라라는 걸 알게 되었다. 또한 우리가 살아가는 이 세상이 천국의 그림자라는 것도. 세상은 돈을 많이 벌어 잘 사는 곳이 아니라, 예수 믿고 믿음으로 사는 곳이라는 사실도.

그리고 이 세상에서의 삶이 '고달픈 인생살이'가 아니라 '행복한 예수살이'라는 걸 발견했다. 이런 진리를 말해준 건 바로 하나님의 말씀인 성경이었다. 그러나 이전에는 너무 두껍고 어려워서 아무리 읽고 들어도 무슨 뜻인지 이해할 수 없는 책이었다.

하나님의 은혜로 목사가 되었지만 여전히 성경은 두껍고 인생은 짧았다. 그러나 판사가 보는 법전이나 의사가 보는 의학 서적에 비하면 작고 얇은 책이었다. 또한 법학은 늘 새로운 법이 생기고, 의학 역시 새로운 의학 지식이 쌓이기에 끊임없이 공부해야 한다. 그러나 성경은 수천 년 전부터 지금까지 그리고 앞으로 세상 종말이 올 때까지 변함없이 66권이다. 바뀐다 해도 번역만 조금 수정될 뿐 더 추가되는 내용은 없다.

판사와 의사에 비하면 목사는 한번 해볼 만한 "하나님의 복음의 제사장"(롬 15:16)임을 크게 깨달았다. 판사는 죄인에게 벌을 주고, 의사는 환자를 고치지만 죽은 자를 살리지는 못한다. 그러나 목사는 죄인을 품어주고 축복할 뿐만 아니라 허물과 죄로 죽은 자를 살리지 않는가!

로마서 1000독을
시작하다

내가 죠이선교회 제자훈련학교 간사로 섬기는 중에 하나님께서 교회 개척에 대한 마음을 주셨다. 그래서 신학교를 졸업한 후 전도사 생활을 하다가 1997년 3월에 죠이교회를 개척했다. 당시 나는 선배 목사님들에게 개척에 필요한 게 무엇이냐고 질문했다. 한 목사님이 돈이 있거나 사람이 있어야 된다고 말씀하셨다. 나는 참으로 난감했다. 당시 내게는 돈도, 개척 멤버도 없었기 때문이다.

하지만 나는 '개척은 사명'이라고 생각하고, 아무것도 없이 시작했다. 큰아이가 다니던 어린이집에서 3개월 동안 개척 준비를 했다. 그리고 고시촌으로 불리는 서울 관악구 신림동에 자리한 청소년회관의 한 층을 매주 예배 장소로 사용했다. 그런데 회관이 한 달에 한 번 휴관하는 날이 공교롭게도 셋째 주일(일요일)이었다. 그래서 그 주가 되면 신대방동에 위치한 보라매공원에서 야외예배로 드렸다(이때부터 우리 교회는 매달 소풍을 가게 되었다).

하지만 그렇게 계속 예배를 드리는 게 쉽지 않아서 구체적인 기도 제목을 만들었다. 3년 후에는 2호선 서울대입구역에서 가까운 지역에 건물을 주시고, 미래지향적인 교회가 되게 해달라고 말이다. 하나님께서 교회를 개척하게 하셨으니 그분이 책임지실 거라고 믿으며….

그런데 놀랍게도 2000년 3월에 아주 작은 건물이지만 아파트 상가 2층을 분양받게 되었다. '맨땅에 헤딩한다'라는 말처럼 아무것도 없이 시작했지만 교회가 잘 성장하는 것 같았다. 작은 규모의 교회지만 특별한 걱정이 없었다. 또 기도했던 대로 교회 앞에 초등학교가 있어서 미래지향적인 어린이 전도도 잘되었다. 그러나 내 마음 한구석이 뭔가 찜찜했다.

'내가 직업을 가지고 직장에 다녀도 밥은 먹고 살 텐데, 정말 교회다운 교회를 세워야 되는데….'

아무리 설교와 교육을 해도 교회의 본질에서 벗어나는 것 같았다. 그때만 해도 열정은 있었지만 교회다운 교회가 무엇인지 잘 몰랐다. 그러나 적어도 교회가 생존이나 친교를 위해 존재하는 건 아님을 알았다.

그렇게 개척한 지 7년 정도 되자 교회의 본질에 대한 회의가 심하게 들었다. 남들이 좋다고 하는 교회 성장 세미나를 듣고 배운 그대로 하기도 했다. 그래도 의심이 들었다.

'이렇게 하면 교회가 정말 부흥할 수 있을까?'

그때까지 나는 성경을 전혀 몰랐다. 나중에 알고 봤더니 그간 내가 배운 건 성경에서 말한 부흥과 다른 거였다(교회 성장론일 뿐이었다). 그것은 목회가 아니었다.

당시에는 잘 몰랐지만 시간이 갈수록 아닌 걸 알게 됐다. 그럼에도 불구하고 어떤 게 맞는 길인지 정확히 알 수 없었다. 그러면서 점점 내 안의 회의가 깊어졌다.

'이렇게 목회를 계속해도 될까?'

결국 목회를 그만두고 싶은 심정이 들었다. 교회의 주인이며 진정한 목회자이신 예수님이 어떻게 교회를 교회 되게 하시는지 멀리서 보고 싶었다.

또 이 시기에 내게 있는 유전적인 질병이 큰딸에게도 있다는 걸 알게 되었다. 피가 몸 안에서 깨져서 몸에 철분이 부족하게 되어 담낭이나 간에 돌이 생기는 병이었다.

엎친 데 덮친 격으로 교회의 본질적인 문제와 아이의 질병이 드러나면서 오직 하나님만 의지할 수밖에 없는 상황이 되었다. 당시 나는 활화산 아래에서 재를 뒤집어쓰고 앉아 있는 심정이었다. 그러던 중 지인의 소개로 뉴질랜드와 호주에 갈 기회가 생겼다. 그래서 나는 교회를 주님께 맡기고, 2004년부터 1년 동안 안식년을 가졌다.

그 기간에 나는 죽은 생명을 살리는 실력 있고 복된 목회자가 되기 위해 성경을 더 열심히 읽고 공부하기 시작했다. 많은 선배 목사님들이 성경 중에서도 로마서가 제일 어렵다고 말하는 걸 들었기 때문에 로마서부터 읽기 시작했다. 가장 어려운 책을 쉽게 이해할 수 있다면 모든 성경을 쉽게 이해하고, 가르칠 수 있을 거라고 믿었기 때문이다.

그렇게 로마서를 읽으면서 성경을 보는 눈이 생겼다. 그리고 하나님의 은혜로 로마서를 1000번이나 읽을 수 있었다. 그러면서 갑자기 눈이 나빠져 안경을 끼게 되었지만 나는 새로운 시력을 얻었다. 영적인 눈이 밝아지기 시작한 것이다. 마음의 눈으로 성경을 보는 법을 알게 되었고, 성경을 통해 육신의 눈으로는 절대 볼 수 없던 하나님이 보이기 시작했다.

그렇게 나는 10년 동안 성경을 읽었고, 2권의 책도 쓰고, 통독의 실제를 가르치는 강의도 하게 되었다.

성경이 입체적으로
보이다

　　미국 애틀랜타 한인장로교회에 성경통독 집회를 인도하러 갔다가 그곳에 있는 코카콜라 본사를 견학할 기회가 있었다. 그곳에서 4D 코카콜라 홍보영화를 4D용 안경을 끼고 보게 되었다. 실제로 냄새도 나고, 물도 살짝 뿌려지고, 뒤에서 치기도 하는 등 정말 오감을 통해 느낄 수 있었다.

　　성경도 마찬가지다. 성경을 육신의 눈으로 읽었을 때는 내용이 지식으로만 다가왔고, 평면적으로만 이해되었다. 그런데 성경을 반복해서 읽던 어느 날, 내 눈에 하나님의 안경이 끼워진 것 같았다. 평면적으로 보이던 말씀의 의미가 입체적으로 전달되었다.

　　3D나 4D로 만들어진 영화도 그냥 보면 입체적으로 보이지 않는다. 특수 제작된 안경을 써야 입체로 보인다. 시력이 나빠졌을 때 안경을 쓰면 시력이 좋았을 때와 똑같이 보이는 것처럼 성령의 감동으로 쓰인 성경도 하나님 마음의 눈으로 읽어야 본래의 의미가 입체적으로 보인다.

　　이것은 원래 성경의 이야기가 입체적인 내용이기 때문이다. 문자로

만 읽으면 평면적인 내용인 것 같지만 사실 그렇지 않다. 예를 들어 성경의 광야시대, 그 40년간의 생활은 전부 동영상이다. 그러나 당시에는 글로 기록할 수밖에 없었기에 평면적으로 기록한 것이다. 그래서 그냥 읽으면 평면적으로 보이지만 하나님의 마음의 눈으로 읽으면 입체적으로 보인다.

평면적 지식이 입체적 진리로 보인다는 건 '문자적' 해석에서 '의미적' 해석으로 전환된다는 뜻이다. 쉬운 예로 레위기는 제사와 거룩한 삶에 대해 말하고 있다.

내게 레위기가 입체적으로 보이기 시작하면서 문자의 의미가 그리스도 복음의 진리로 보였다. 특히 5대 제사(번제, 소제, 화목제, 속죄제, 속건제)의 의미가 분명해졌다. 레위기의 평면적 지식은 동물을 태워드리는 번제, 곡식을 태워드리는 소제, 하나님과 사람 사이의 화목을 위해 드리는 화목제, 죄를 용서받기 위해 드리는 속죄제, 죄로 인해 발생한 허물을 용서받기 위해 드리는 속건제 등이 있다는 것이다.

그런데 궁극적인 제사의 목적이 무엇인가? 레위기를 입체적 진리로 해석하면 제사의 목적이 '화목제사'임을 알 수 있다. 이는 죄로 인해 하나님과 원수 되었던 우리를 화목하게 한다. 그러기 위해서는 죄의 문제를 해결해야 한다. 그래서 제사의 내용은 속죄제와 속건제가 된다. 또한 죄의 문제를 해결하기 위해 드리는 제사의 방법은 일반적으로 번제와 소제가 된다.

구약시대 당시 제사를 지내려면 반드시 성전 안에서 제물을 가지고 제사장이 드려야 했다. 그런데 히브리서 기자는 예수 그리스도가 눈에 보이지 않는 성전의 원형이시며, 멜기세덱의 반차를 따른 대제사장으로 참 제물이 되신 자신의 몸을 단번에 드려 하나님과 사람을 화목하게 하는 제사를 완성하셨다고 주장한다.

그러므로 구약의 5대 제사를 완성한 분이 바로 예수 그리스도시다. 그분만이 제사의 원형이 되신다. 왜냐하면 제사의 구성요소가 완벽하게 그분께 있기 때문이다. 이런 진리가 현시대를 살아가는 그리스도인들에게 입체적 진리로 다가오면 평면적 문자 해석과 입체적 의미를 풀이하는 것으로 끝나지 않고 복음의 삶으로 적용하게 된다.

다시 말하면 구약의 제사가 신약에서 예수의 복음으로 완성되었듯이 그 복음이 살아 역사하면 우리 안에서도 살아 숨쉬게 된다. 성전이신 주님이 내게 임마누엘로 역사하실 때, 우리는 하나님께서 거하시는 성전이 된다(고전 3:16). 또한 왕 같은 제사장(벧전 2:9)이 되어 하나님과 세상을 화목하게 하는 직분을 받게 된다(고후 5:18). 주님이 그러셨던 것처럼 우리도 산 제물의 삶을 살아가게 된다(롬 12:1).

인생의 목적과
믿음이 생기다

뉴질랜드와 호주에서의 생활을 마치고 한국에 돌아와 다시 목회하면서 로마서를 두 번째 1000독했다. 계속해서 로마서부터 히브리서까지 14권을 1000독 하게 되었고, 그 후에는 신약 전체를 1000번 읽는 기회가 있었다. 성경을 점점 많이 읽게 되자 빨리 읽는 방법 또한 자연스럽게 터득했다.

2007년 어느 날, 하나님은 내 마음에 성경을 하루에 한 번 읽고 싶은 소원을 주셨다. 세상에는 여러 가지 속독법이 있는데, 나는 그런 방법으로 책이나 성경을 읽어본 적이 없었다. '성경을 하루에 한 번 읽으려면 좀 빨리 읽으면 되겠지'라고 생각했는데 막상 해보니 결코 쉬운 일이 아니었다.

시중에 나와 있는 오디오 성경통독 제품 중에 신구약 성경을 한 번 읽는 데 50시간 걸리는 게 있었다. 나는 성경을 하루에 한 번 읽기 위해 눈으로 보면서 빠른 시간에 성경을 읽어주는 오디오를 반복적으로 들었다. 1000독을 하기 전에는 2배속(25시간)으로 읽었는데, 속도가 점점 빨라졌다. 신약성경 1000독이 넘어설 때는 8배속에 이르렀고, 2008년 여름에는 10배속(5시간)에 도달하게 되었다.

성경을 반복적으로 읽는 건 하나의 기능이기 때문에 계속하면 누구나 빨리 읽을 수 있다. 그러나 말씀읽기에 집중하지 않으면 아무나 할 수 있는 건 아니다. 내 경우에는 읽고 싶은 마음을 하나님께서 주셨기 때문에 어렵지 않게 했다. 아주 쉽고 가볍게, 지겨워하지 않고, 재미있게 할 수 있었다.

성경 말씀이 재미있고, 읽어도 졸리지 않고, 성경을 읽는 중에 참뜻이 깨달아지는 게 은혜라고 생각한다. 이렇게 성경을 읽으면서 나는 아주 중요한 두 가지를 찾았다. 창조의 목적과 인생의 목적이 무엇인지 알게 되었다.

성도의 사는 목적이 그리스도이고, 죽는 목적도 그리스도라면 성도에게는 사는 것과 죽는 것밖에 없다. 어떻게 살아야 하고 어떻게 죽어야 하는가가 인생에 대한 해답일 것이다. 내가 성경을 읽으면서 발견한 건 성경에 대한 지식이 아니고, 예수 그리스도를 아는 거였다.

나는 신학을 공부하고 목사가 되었지만, 성경을 읽고 난 후에 신학교를 졸업하고 목사 안수를 받는다고 해서 믿음이 생기는 게 아니란 걸 알게 되었다. 지식이 생기고 성경의 내용을 잘 알 수는 있지만 믿음이 생기는 건 별개의 문제였다. 또 대학원에서 공부하고 박사 학위를 받는다고 해서 믿음이 생기는 것도 아닌 것 같다.

"믿음은 들음에서 나며 들음은 그리스도의 말씀으로 말미암았느니라"라는 말씀이 있다(롬 10:17). 목사든 박사든 신학을 전혀 공부하지 않은 성도든 누구나 성경을 읽으면 믿음이 생긴다. 이 믿음이 얼마나 중요한지는 로마서 1장 17절을 보면 알 수 있다.

"오직 의인은 믿음으로 말미암아 살리라."

믿음으로 살기 위해서는 믿음이 있어야 하고, 믿음이 생기기 위해서는 그리스도의 말씀을 들어야 된다.

사람들은 일반적으로 아침식사를 하고 일상을 시작한다. 점심 때가 되면 점심을 먹고, 저녁이 되면 또 저녁식사를 한다. 음식물을 통해 에너지를 공급받아야 살 수 있기 때문이다. 음식 에너지와 운동

에너지가 있듯이 믿음 에너지인 예수 에너지도 있다. 성경을 읽으면
믿음 에너지인 예수 에너지가 우리 안으로 들어온다.

이를 위하여
나도 내 속에서 능력으로 역사하시는 이의 역사를 따라
힘을 다하여 수고하노라

골 1:29

바울은 자기 안에서 강력하게 일하시는 에너지, 곧 예수 그리스도
의 에너지로 일한다고 말하고 있다.

하나님의 생각
덮어씌우기

성경읽기가 단순한 것 같지만 그렇지 않다. 내 경우를 보면 10년
동안 성경을 읽고, 1년 만에 책을 두 권이나 썼다. 나는 책을 집필해
본 사람이 아니다. 성경을 한 초점으로 쓰는 게 쉽지 않았다. 그런데
연대기와 구속사의 관점으로 쓸 수 있었다.

나는 그동안 성경 읽는 것 외에는 아무것도 하지 않았다. 특별한
공부를 한 것도 아니다. 그래서 성경 외에는 별로 말할 게 없었다. 오
로지 성경만 읽었기 때문이다. 나는 성경의 지식을 꿰뚫고, 진리를 볼

수 있는 그 과녁에 대해 설명했다.

성경읽기에 그 능력이 있다. 내게 능력이 있는 게 아니고, 누구나 성경을 읽으면 그 과녁을 동일하게 볼 수 있다. 그것이 내가 하는 사역의 도전이다.

성경을 다른 사람보다 조금 더 많이 읽으면서 깨달은 게 있다. 첫째, 성경을 많이 읽는 것은 횟수의 자랑에 있지 않고, 말씀이 충전되는 믿음에 있다. 둘째, 성경을 많이 아는 건 지식의 교만을 위함이 아니라 말씀이 통치하는 생활을 위함이다.

이는 목회자든 성도든 다 마찬가지다. 세상일은 밥심이나 지식이나 돈이나 명예나 권력으로 할 수 있지만 하나님의 일과 교회 일은 예수 에너지로 해야 한다. 그 힘의 공급원이 바로 성경이다! 성경을 반복적으로 읽는 건 실제로 예수 에너지를 충전하는 것이다. 하나님의 진리의 말씀으로 매일 충전되어 사랑과 축복을 전하는 게 우리가 할 일이다.

사실 나도 성경을 읽는 게 처음부터 재미있지는 않았다. 그러나 어느 순간, 하나님께서 재미있게 해주셨다. 그래서 정말로 재미있었다. 그런데 깨닫는 건 아무것도 없었다. 재미있는 것과 깨닫는 건 달랐다. 그래도 재미있어서 그냥 읽었다.

한 번 읽으면 한 번 읽었다는 것만 남았다. 열 번, 백 번을 읽어도 별로 깨닫는 게 없었다. 그러나 재미는 있었다. 얼마나 하나님께서 재미있게 하셨는가 하면 성경을 읽다가 '조금만 더 읽다 자야지' 하고는 새벽까지 읽기 일쑤였고, 아침에 일어나자마자 성경부터 읽었다.

그런데 로마서를 1000번쯤 읽자 성경이 뭘 말하려는지가 내 안에 뚫고 들어왔다. 그때는 내가 깨달으려고 하지 않았기 때문에 내 생각이 없었다. 그러니까 하나님의 생각이 내 안에 밀고 들어와서 '업데이트'(update) 현상이 일어나는 걸 발견했다.

예전에는 내가 학문적으로 깨달아서 글을 썼다. 그런데 성경이 내 안에 뚫고 들어온 그때는 학문적으로 깨닫지 못했고, 논리적으로 쓸 수가 없었다. 그것이 어떻게 밀고 들어오는지를 설명할 수가 없었기 때문이다.

어느 날, 내 페이스북(facebook)에 '말씀의 업데이트'라는 글을 썼다. 하나님의 말씀은 내 생각을 조금 업그레이드(upgrade)하기 위함이 아니라 말씀을 통해 그분의 말씀을 내가 느끼도록 내 생각을 완전히 갈아엎기 위함이다. 하나님께서 나를 완전히 바꿔버리시는 게 말씀의 목적이다.

우리는 조금 윤택한 생활을 하고, 성경에 대해 알게 되면 내 생각이 업그레이드되는 걸 목적으로 성경을 읽는다. 그러나 성경의 목적은 나를 완전히 바꿔버리는 것이다.

즉, 내 생각을 완전히 바꾸겠다는 것이다. 나는 바꾸기 싫은데 성경의 목적이 그렇다는 것이다. 말씀이 내 안으로 막 밀려들어와 내 생각을 하나님의 말씀의 생각으로 덮어씌운다. 그래서 하나님의 생각이 곧 내 생각이 되고, 그분의 순종이 내 순종이 된다. 내가 그분의 자녀로, 임마누엘로 한 몸으로 사는 일체감을 갖게 되었다.

천국살이가
시작되다

성경을 읽을수록 하나님의 마음을 알 수 있었다. 하나님께서는 예수 믿고 구원받아 그분의 백성이 된 성도가 이 세상에서 믿음으로 살기를 원하신다. 우리는 믿음으로 살기 위해 삶의 초점을 분명히 해야한다.

신약성경의 빌립보서와 히브리서 두 권을 살펴보면 예수 그리스도가 초점이다. 그분의 마음을 품고, 그분을 초점으로 삼으라는 게 핵심 내용이다. 성도가 이 초점을 놓치지 않고 명확히 바라본다면 세상 쾌락에 빠지지 않고 살아갈 수 있다.

오늘날 세상에는 유혹도 많고 어려움도 많다. 게다가 교회는 변질되었다고들 한다. 그러나 그렇지 않다. 성경을 제대로 읽고, 하나님의 마음을 깨닫기만 하면 현대 교회도 구약의 광야교회나 초대 고린도교회와 다를 바 없다.

그러기 위해서는 오직 예수 그리스도께 초점을 맞추면 된다. 잘못된 프로그램이 문제가 아니고, 좋은 프로그램을 하지 않는 게 문제가 아니다. 그리스도를 중심에 모시고 초점으로 삼으면 하나님께서 모든 걸 책임져 주신다.

바울이 어떻게 초점을 향해 나아갔는지 사도행전과 고린도전서, 디모데후서를 살펴보자. 성경 전체가 예수 그리스도에 대해 말하고 있듯이 고린도전서 전체도 그분을 설명하고 있다.

내가 달려갈 길과 주 예수께 받은 사명
곧 하나님의 은혜의 복음을 증언하는 일을 마치려 함에는
나의 생명조차 조금도 귀한 것으로 여기지 아니하노라

행 20:24

그러므로 나는 달음질하기를 향방 없는 것같이 아니하고
싸우기를 허공을 치는 것같이 아니하며

고전 9:26

달리는 방향이 정확했고, 싸울 때에 허공을 치는 것 같지 않게 분명한 초점이 있었다는 것이다. 이런 초점이 바울에게는 사명이고 생명이었다. 그래서 "나는 선한 싸움을 싸우고 나의 달려갈 길을 마치고 믿음을 지켰으니"라고 한 것이다(딤후 4:7).

여기서 중요한 게 '방향'과 '속도'다. 방향은 곧 초점이다. 예를 들어 축구 경기에서는 골대에 공을 넣으면 점수를 얻는다. 경기가 시작되면 상대편 골대에 공을 넣어야 점수를 얻는데 선수가 자기편 골대에 공을 넣으면 상대편이 점수를 얻는다. 이렇게 방향을 잘못 잡고 슛을 하면 자살골이 된다.

이 세상에서도 마찬가지다. 방향을 제대로 정확하게 잡아야만 속도를 내서 달려간 결과가 승리로 나타난다. 바울은 초점을 분명히

잡았는데, 그것이 주께 받은 '사명'이었다. 그리고 그 초점을 향해 생명을 조금도 자기 것으로 여기지 않고 달려갔다.

이 말씀을 통해 나는 귀중한 걸 깨달았다. 성도가 향하는 방향이 동일하고 속도도 동일해야 되는데, 예수 그리스도를 기준으로 하면 정확하다는 것이다. 새 계명이 성도가 가는 방향이 되어야 하고, 산 제사의 속도로 나아가야 한다. 우리의 주인 되신 예수 그리스도를 향해 달려가는 그 삶의 초점을 잃지 않는 게 중요하다.

또한 예수 그리스도의 죽으심을 따라 죽음을 두려워하지 않는 속도로 달려가야 한다. 바울도 그렇게 살았음을 우리는 성경을 통해 보았다. 사랑으로 죽어주는 인생살이가 곧 사람을 살리는 '예수살이'이며 세상을 복되게 하는 '천국살이'다.

내 삶과 사역에 있어서도 성경읽기를 통해 새로운 방향과 초점이 설정되었다. 모든 게 하나님의 은혜임을 고백한다. 수년 전, 2주 동안 일본에 머물며 일본 사람들, 한국 선교사들과 함께 종일 성경을 통독하고 저녁에는 간증을 나누는 시간을 가졌다. 그 시절의 나는 나름대로 성경을 많이 공부하여 남을 가르칠 수 있을 정도로 지식은 풍부했지만 말씀을 삶으로 살아내는 능력이 부족했다.

그런데 14일이라는 짧은 시간 동안에 나는 일본 사람들을 살려내는 길이 성경 지식이 아니라 말씀대로 사는 것임을 깊이 깨달았다. 하나님께서 사람을 사랑하고 축복하는 게 가장 큰 능력임을 깨닫게 하셨고, 그들에게 사랑하고 축복한다는 말을 하게 하셨다. 그런데 그 말을 하기가 힘든 상대가 다름 아닌 가족이었다.

특히 매일 아침, 부모님께 "사랑하고 축복합니다"라는 말을 하려는데 입이 떨어지지 않았다. 스스로 한심하기 짝이 없었다. 남을 향해서는 잘 나오는 그 말이 유독 가족에게는 나오지 않는 걸 보면서 진정 지식이 아니라 진리에 의해 살아야 함을 깨달았다.

하나님께서 나로 하여금 성경을 읽게 하셨고, 성경을 읽으면서 깨달은 은혜로 사랑하고 축복한다는 말을 쉽게 할 수 있게 되었다. 말뿐인 것 같지만 정말로 남을 사랑하고 축복할 생각을 갖게 되었다. 또한 그 말을 행동으로 옮겨서 신의 성품에 참예하게 되었다.

1000 999 998 997 996 995 994 993 992 991
990 989 988 987 986 985 984 983 982 981
980 979 978 977 976 975 974 973 972 971
970 969 968 967 966 965 964 963 962 961
960 959 958 957 956 955 954 953 952 951 950 949
948 947 946 945 944 943 942 941 940 939 938 937
936 935 934 933 932 931 930 929 928 927 926 925
924 923 922 921 920 919 918 917 916 915 914 913
912 911 910 909 908 907 906 905 904 903 902 901
900 899 898 897 896 895 894 893 892 891 890 889
888 887 886 885 884 883 882 881 880 879 878 877
876 875 874 873 872 871 870 869 868 867 866 865
864 863 862 861 860 859 858 857 856 855 854 853
852 851 850 849 848 847 846 845 844 843 842 841
840 839 838 837 836 835 834 833 832 831 830

가정을 세우는 말씀읽기

아내가
변했다

교회를 개척하여 목회를 하면서 힘들고 어려운 건 개척목회를 하는 모든 목회자들에게 동일할 것이다. 그럼에도 각자의 환경과 상황에 따라 독특한 부분들이 다양하게 나타난다. 모두가 그렇지는 않지만 대개 목회자 부부는 목회에 대한 비전을 함께 갖는다. 그러나 우리 부부는 그렇지 않았다.

아내는 물론 나 또한 목회에 대한 비전이 없었다. 그야말로 하나님의 음성이 가슴을 울려 한 달 만에 아무런 준비도 없이 교회를 개척했다. 그러다보니 개척 후에 목회의 올바른 방향을 잡지 못해 갈 바를 알지 못하고 갈팡질팡했다.

그럼에도 하나님께서는 목회를 순탄하게 하셨고, 작지만 아파트 상가에 교회 건물도 얻게 해주셨다. 그런데 아버지의 잦은 병원생활 때문에 부모님을 모시고 살게 되면서 아내가 이중고를 겪게 되었다. 세 자녀와 함께 일곱 식구가 좁은 집에 살면서 가정과 교회를 돌보는 일이 만만치 않았다.

성경은 "네 아버지와 어머니를 공경하라 이것은 약속이 있는 첫 계명이니 이로써 네가 잘되고 땅에서 장수하리라"라고 말씀하고 있다 (엡 6:2,3). 얼마나 큰 축복인가! 그렇다. 지금은 그것이 큰 축복이 되었다. 그런데 그때는 저주와 같은 모습으로 나타났다.

아내와 어머니의 잦은 말다툼으로 가정에 불화가 잦았다. 그런 아내가 성경통독을 시작하면서 놀랍게 변하기 시작했다. 다음은 당시 아내의 통독 간증이다.

통곡 인생에서 통독 인생으로

2003년 여름 수련회 때 '신약 1독 프로그램'을 통해 말씀통독을 처음으로 접하게 되었다. 말씀을 늘 가까이해야 됨에도 불구하고 1박 2일 동안의 통독은 왜 그리 힘든지 그야말로 몸부림치는 진통 속에서 내 통독 역사가 시작되었다.

그 후부터 교회에서 새벽과 오전에는 바울서신, 저녁에는 영어 바울서신 통독을 인도하게 되었다. 교회에서 통독을 하지 않을 때는 집에서 밤새 오디오성경을 틀어놓고 말씀과 동고동락하는 시간을 보냈다. 그러면서 나를 바라볼 수 있게 되었다.

통독의 시발점을 터뜨려주셨던 한 선교사님이 우리 교회에 오셨을 때 나를 소개하시던 말씀이 지금도 생생하다. 주일학교 어린이를 가리키면서 "이런 어린아이 같은 사모님이세요"라고 하셨다. 그 순간, 얼마나 부끄러웠는지 모른다.

'내가 어린아이라고? 나름 열심히 살고 있는 나를 그렇게 표현하시다니….'

내 존재의 실체에 대한 정확한 답을 모른 채 사는 인생이었으니 그렇게 보일 수밖에 없음을 나중에야 알게 되었다. 목회가 뭔지도 모른 채 뛰어든 목회자의 아내의 역할은 그야말로 좌충우돌이요, 내 의지와는 상관없이 고난과 고통의 연속이었다. 좀 되었다 싶으면 목사님과 세 자녀의 병고와 친정과 시부모님의 병환이 끝날 줄 모르고 이어졌다. 설상가상으로 교인들마저 이런저런 사정으로 떠나갔다.

교회를 처음 개척할 때 "힘들어서 어떡해요", "많이 고생스럽죠"라는 말을 들으면 속으로 이렇게 생각했다.

'아니, 뭐가 힘들다는 거지? 난 즐겁기만 한데….'

내 철없는 생각과 교인들이 영적으로 성장하지 못하고 따라주지 못하는 모습이 서로에게 상처가 되어 결국 그들이 떠날 때면 정말 마음이 아팠다. 가족들이 아파도, 재정이 궁핍해도 다 견딜 수 있었는데 함께하는 지체들에게 받는 상처는 끝날 것 같지 않았다.

'평생 이렇게 목회를 해야 한다면 더 못할 것 같아.'

이런 생각이 밀려오면서 나는 점차 자신이 없고 나약해졌다.

그러던 어느 날, 하나님께서 내게 말씀을 들려 주셨다.

"내게 능력 주시는 자 안에서 내가 모든 것을 할 수 있느니라"(빌 4:13).

"너희 안에서 착한 일을 시작하신 이가 그리스도 예수의 날까지 이루실 줄을 우리가 확신하노라"(빌 1:6).

이 두 말씀이 섬광처럼 내 머릿속을 스쳐 지나간 그때가 말씀통독의 시작이었는지 모른다.

난 힘이 들고 어찌할 바를 모를 일들이 생기면 새벽에 나가서 하염없이 울곤 했다. 어느 새벽에도 혼자 앉아 울고 있는데 '내가 네 눈에서 모든 눈물을 씻어줄 것이라'라는 말씀이 마음에 스쳐 지나갔다. 나중에 통독을 하면서 요한계시록 7장 17절과 21장 4절에 있는 말씀임을 보고 깜짝 놀랐다.

그땐 단순히 '이젠 눈물을 흘릴 일이 없어지나 보다'라고 생각했던 그 말씀이 내게 장차 있을 천국에 대한 것을 알게 해주었다. 또 내가 하나님의 자녀임을 확신시켜 주고, 새 하늘과 새 땅을 바라보고 살라는 놀라운 말씀임을 알게 되었다.

나를 사랑하게 되다

결혼한 지 15년을 지나면서 내 안에 눌려 있던 모든 것들이 봇물처럼 쏟아져 나왔다. 목회의 동역자로나 아내의 역할이나 엄마, 며느리의 부담에서 벗어나고 싶은 것 이상이었다. 그래서 한 목사님이 운영하시는 치유상담목회연구원에 찾아갔다. 그리고 살 수 있으리라는 일념으로 열심히 다녔다.

그런데 강의를 듣고 나눔을 할수록 근본적인 치료가 되는 게 아니라 선택받은 몇몇 사람들의 간증이 아닌가 하는 의구심이 들었다. 또 나만 아프고 힘든 마음의 병에 걸렸다는 생각이 들었다.

　그곳에 모인 목사, 사모, 장로, 집사 할 것 없이 상처투성이의 영혼들이 "살려달라", "살고 싶다"라고 아우성을 치는 것으로 들렸다. 시간이 흘러 방학을 맞고 새 학기 등록을 할 때가 되었을 때, 나는 하나님의 인도하심을 받고 싶었다.

　그래서 남편이 가라고 하면 가고, 그만 다니라고 하면 그만해야겠다고 생각했다. 그리고 그만 다니라는 남편의 말에 순종했다. 이때 한 순종이 믿음에서 나온 첫 순종이었던 것 같다.

　그 후로 통독에 더 많은 시간을 쏟게 되었다. 통독을 하면서 제일 처음 은혜를 주셨던 부분은 남편에 대한 의존을 버리게 된 것이다. 유독 사람에게 기대는 성향을 가지고 있던 나는 결혼 후에도 영적인 멘토였던 남편을 지독히 의지했다. 그래서 그와 떨어져 있는 건 생각할 수도 없었는데, 하나님께서 꿈을 통해 남편과 헤어짐을 선포하게 하셨다.

　실제로 그 후 1년 동안 남편은 호주로 선교를 떠나게 되었고, 나는 목회 동역과 말씀통독 속에서 하나님의 시선이 내게 맞춰져 조명하고 있음을 느끼게 되었다.

　우리 부부에게는 인생의 전환점이 되는 귀한 시간이었고, 난 예수님을 신랑으로 모시고 사는 행복한 그리스도의 신부가 되었다. 이전에는 교회에 사람들이 찾아오면 '상담을 잘해서 전도해야지' 하는 거창

한 내 열심으로 상담학을 공부하고 싶다고 생각했다.

하지만 통독을 하면서 하나님의 말씀인 성경은 상담학보다도 훨씬 우위 학문이며, 상담은 근원적인 치유를 하지 못하지만 하나님의 말씀은 사람의 속사람까지 변화시키는 능력이 있음을 알게 되었다. 그러면서 놀라운 회복과 치유를 경험했다.

실체를 붙잡기 전까지 나라는 존재를 사랑할 줄 몰랐고, 사랑하고 싶지도 않았다. 모든 게 세상의 기준에 못 미치는 나 자신에게 화가 났다. 하지만 실체를 잡고 통독을 하면서 깊이가 더해질수록 내게 있는 모든 게 하나님 아버지를 알 수 있고 만날 수 있는 최적의 조건임을 알게 되었다.

내 단순한 성격은 진리를 만나면 주저함이 없어지고, 분명한 성격은 진리를 말하는 데 망설임이 없게 하고, 사람 중심의 성품은 영혼에게만 집중할 수 있게 했다. 또 섬김의 은사도 영혼을 살리는 데 초점이 있으니 마냥 즐겁고 감사할 뿐이었다.

지금은 나라는 존재가 얼마나 사랑스러운지 모른다. 그래서 내 닉네임도 '사랑스러운'으로 불린다. 나 자신은 물론이고 다른 지체들에게도 사랑스러운 성도요, 사랑의 동역자요, 사랑으로만 사는 선교사로 살고 싶다.

이렇듯 아무것도 한 것 없이 성경통독만 했는데 세상이 보이고, 살고 싶은 영혼이 찾아오고, 인생의 목적을 알게 되고, 존재의 실체를 알게 되고, 하나님의 사랑이 느껴지고, 두렵거나 무섭거나 부러운 이가 없고, 자존감이 회복되었다!

그렇게 몇 개월 동안 통독을 하던 어느 수요예배 시간이었다. 어느 사모님의 질문에 답을 하시던 한 선교사님의 성경 말씀이 내 마음에 들어왔다. 그러면서 믿어지는 역사가 시작되었다. 그다음 날, 새벽 통독시간에 복음서를 읽고 있는데 그전에 읽었던 것과는 차원이 전혀 다른 맛이 느껴졌다.

밋밋한 성경 말씀이 입체적으로 들렸고, '하나님께서 왜 그러셨지'라고 생각했던 말씀이 무조건 믿어지는 은혜가 임했다. 한 절씩 읽으며 "아멘, 할렐루야!"로 찬양하는 시간이었다.

그동안 실체가 아닌 지식으로 하나님을 믿고 있었음을 깨달았다. 그래서 신앙생활이 곤고하고, 퇴색되고, 순종도 안 되고, 힘이 들었음을 알게 되었다. 말씀을 보면 볼수록 내가 얼마나 불신앙적인 사람인지 알게 되었다. 또 조상으로부터 내려온 뿌리 깊은 인본주의 사고방식에 갇혀 하나님 말씀에 순종이 되지 않는 죄인 중에 죄인임을 고백할 수밖에 없었다.

믿어 순종케 되어 구원받은 자로, 영원한 생명을 소유한 자로, 살려주는 영으로 사는 인생을 살게 하신 하나님 아버지께서 말씀을 통해 믿음의 은혜를 주신 게 얼마나 큰 기적인지 알게 되었다.

지금은 '잘못된 것, 안 되는 것, 부족한 것이 없다'라는 은혜 속에서 자존감이 회복되었고, 왕 같은 제사장으로 세상을 축복하며 사는 게 얼마나 행복한지 모른다.

"이스라엘이여 너는 행복자로다 여호와의 구원을 너같이 얻은 백성이 누구뇨 그는 너를 돕는 방패시요 너의 영광의 칼이시로다 네 대적이 네게 복종하리니 네가 그들의 높은 곳을 밟으리로다"(신 33:29 개역한글).

그리고 이 말씀처럼 행복을 나누고 싶어서 견딜 수가 없는 상태가 되었다. 통독의 횟수가 더해질수록 나를 조명할 수 있는 기회가 더 넓고 깊게 나를 찾아왔다.

성경을 읽기만 했는데 생명들이 보이기 시작해 전도하고 싶고, 기도하고 싶고, 순종하고 싶어졌다. 그렇게도 순종이 안 되어 힘들었는데 믿음이 들어와 순종이 쉽고, 하나님 아버지를 믿는 믿음 속에서 행복자의 삶을 살게 되었다.

물론 성경을 읽는 동안 많은 시행착오와 시험이라는 터널을 통과해야만 했다. 하지만 지금 생각해보면 강력한 하나님의 사랑이 표현되어 나의 나 된 것이 하나님의 은혜임을 고백할 수밖에 없는 기간이었다.

요한일서를 1000독 하다

또 다른 하나님의 선물을 바라며 열심히 요한일서를 통독했다. 그런데 시간이 갈수록 뭔가가 잡히기는커녕 더 복잡해지고 정리도 안 되는 것 같은 불안감이 들었다. 300독, 500독, 600독을 할수록 다른 지체들에게 말할 거리가 있어야 하는데 머릿속이 더 하얘졌다. 그러던 중 큰딸 예림이가 수술을 하게 되어 뜨거운 여름을 병원에서 보내며 요한일서 1000독을 끝낼 수 있었다.

그렇게 병원에서 보내는 시간에 말씀을 읽던 중 순간적으로 1장부터 5장까지의 주제가 보이면서 정리되기 시작했다. 그 시간이 너무나 짜릿하여 글이나 말로 표현하지 못할 정도였다. 모든 시간과 공간이 정지되기를 바라며 그저 하나님께서 주시는 말씀에만 집중하며 정리를 했다. 그 짧은 시간의 은혜를 붙잡고 집으로 돌아와 계속 말씀을 묵상하며 지체들에게 문자로 보내주었다.

그 은혜의 말씀을 문자로 받은 영혼들이 교회에 가기도 하고, 성경을 보고 있다고 하고, 힘들 때마다 꼭 맞는 말씀을 보내줘서 감사하다고 했다. 그러면서 내가 얻은 결론은 '살아버리라'라는 거였다.

요한일서는 하나님의 사랑이 우리에게 영생을 가져다주었고, 이 영생을 소유한 우리가 새 계명으로 살면 날마다 하나님의 자녀가 출생된다는 진리 속에서 자유함으로 헤엄치듯 살면 된다고 했다. 단순 명료하지만 이 말씀의 깊이는 엄청났다.

수많은 사람들이 하나님을 만난 기쁨을 간증한다. 세상에서 잘된 것에 기준을 두고서 말이다. 그러나 세상 것은 그리 만만하지도 않고 때론 우리를 좌절시키기도 한다. 지금은 세상의 기준으로 사는 게 화려하고 우아해 보이지만 결국에는 천국살이가 진짜 인생살이이기 때문에 이 천국이 내 안에서 확고하게 자리 잡아야만 조금도 흔들림 없이 나아가게 된다.

이것이 곧 천국의 시민권자로 하늘에 기준을 두고 사는 것이다. 이 특권이 얼마나 놀랍고 귀하디 귀한 가치인지 통독을 하면 할수록 믿어지고 확증하는 삶을 살게 하신다. 영원한 생명을 가지고 산다는 것 자체가 얼마나 큰 간증인가! 그 영생이 있기에 세상에서 살 때 주시는 모든 건 덤이고 보너스다. 그래서 이 세상 것에 매이거나 붙잡히지 않는 시원한 삶이 된다.

진리를 아는 자, 하나님의 자녀, 범죄치 않는 자, 하나님께 속한 자가 된다. 또 하나님의 증거가 이 땅에서 살 만한 가치를 발견하게 하고, 힘과 능력의 잣대가 된다.

말씀대로 살고, 사랑하고, 순종하면 되는 간단한 진리가 뚫리면서 실타래가 술술 풀리기 시작했다. 이 세상의 모든 일에 무섭고 두렵고 부러울 것이 없는 인생이 되었다. 말씀통독만 했을 뿐인데 순식간에 모든 삶이 변화된 새 사람이 되어 있었다.

말씀 먹이는 엄마로 살기

나는 자녀들에게도 자신 있게 말한다.

"이 세상에 훌륭한 사람이 많지만 이 엄마도 진짜 훌륭한 사람이다. 예수 제대로 믿는 사람이 진짜 훌륭한 사람이니까."

이렇게 아이들에게 교육할 수 있음에 감사할 뿐이다. 통독을 통해 잃었던 행복을 찾고 진짜를 붙잡고 사는 인생이 된 것이다. 믿음의 자손인 아브라함의 족보에 올라가 있는 자녀로 살고 있음에 감사하게 되었다. 또 가난도, 질병도, 실직도, 자녀 문제도, 부부 관계도 하나님만 의뢰하게 하시고 축복하시려는 계획인 것에 초점을 맞추는 삶을 살게 되었다.

어떤 환경에서도 "사랑하고 축복합니다"라는 말이 먼저 나오고, 믿음으로 망설임 없이 결론을 잡고 살게 되고, 모든 것을 하나님의 자녀 출생에 초점을 두고 바라보는 지혜가 생겼다.

누군가 내게 "지금 가장 행복한 일이 무엇이냐"라고 묻는다면 매일 저녁 가족들과 창세기부터 한 권씩 통독하고 말씀을 암송하며 세계 선교를 위해 기도하는 거라고 답할 것이다. 처음엔 쉽지 않았지만 믿음과 인내를 가지고 지속하다보니 모두 말씀을 읽는 모습과 태도가 많이 달라졌고, 이제는 습관이 되어 말씀을 잘 먹고 있다.

우리 몸을 위해서는 하루 세 끼를 먹고도 간식과 야식까지 챙겨 먹는데, 영혼의 양식인 말씀도 세 끼 먹고도 간식과 후식, 야식 먹듯이 맛을 느꼈으면 하는 바람으로 여러 가지 방법들을 동원해 먹이고 있다. 엄마가 자녀들에게 맛난 음식을 해줄 때처럼 말씀을 먹일 때의 기쁨은 정말 크다. 부모가 직접 하다보면 자녀보다 부모가 먼저 살아나는 걸 경험할 것이다.

이스라엘아 들으라

우리 하나님 여호와는 오직 유일한 여호와이시니

너는 마음을 다하고 뜻을 다하고 힘을 다하여

네 하나님 여호와를 사랑하라

오늘 내가 네게 명하는 이 말씀을 너는 마음에 새기고

네 자녀에게 부지런히 가르치며

집에 앉았을 때에든지 길을 갈 때에든지

누워 있을 때에든지 일어날 때에든지

이 말씀을 강론할 것이며

너는 또 그것을 네 손목에 매어 기호를 삼으며

네 미간에 붙여 표로 삼고

또 네 집 문설주와 바깥 문에 기록할지니라

신 6:4-9

성경통독으로 변한 아내의 간증에 감사를 드린다.

말씀으로 자란
아이들

나는 목사가 되어서도 성경을 설교할 줄만 알았지 가르칠 줄은 몰랐다. 그런데 내가 성경을 읽으면서 자녀에게 성경을 읽히는 게 가장 좋은 교육인 걸 알게 되었다. 성경공부를 잘하기 위해서가 아니라 하나님을 사랑하기 위해서이다. 세상 사는 목적을 하나님께서 그렇게 정해놓으셨기 때문이다.

오늘 내가 네게 명하는 이 말씀을 너는 마음에 새기고

네 자녀에게 부지런히 가르치며

신 6:6,7

세상이 정해놓은 행복은 돈과 지식과 명예다. 그것은 부분적으로는 맞지만 전체적으로는 틀릴 수 있다. 거기에 참 안식과 평강은 없을 수 있기 때문이다. 돈 때문에 행복할 줄 알았는데 그 때문에 불행해질 수도 있다. 그래서 하나님을 경외함이 가장 큰 행복임을 아이들이 알기를 원했다.

하나님께서는 말씀읽기를 통해 아내뿐 아니라 아이들에게도 큰 은혜를 주셨다. 하나님의 때가 되면 아이들에게 입력된 말씀이 출력되어 나오리라 확신하며 늘 주님이 책임져주심을 고백하게 된다. 말씀 외에는 그야말로 줄 것이 아무것도 없는 부모이기에 말씀이 최선이며, 최상인 것을 아는 삶으로 인도해주심에 감사드린다.

큰딸 예림이는 유전성 질병으로 극심한 황달과 철분 부족 현상을 겪고 있었다. 중학교 1학년 때는 기말고사 시험기간에 담임선생님으로부터 연락을 받기도 했다. 딸이 어지럼증으로 시험지의 글씨를 잘 보지 못한다는 거였다. 선생님은 양호실에서 시험을 치르는 방법이 있다고 알려주셨지만 우리 부부는 아이가 시험을 치르지 않아도 괜찮으니 집으로 데려가겠다고 했다.

지인의 소개로 한 한의원에서 검사를 했더니 기력이 최저라고 했다. 하지만 비싼 한약을 지어 먹일 형편이 안 되어 그냥 집으로 돌아와야 했다. 부모란 존재가 아무것도 해줄 게 없었다. 단지 하나님의 은혜만 구할 뿐이었다.

초등학교 5학년 나이에 호주에 데리고 갔을 때도 별반 해준 게 없었다. 딸에게 먹고 싶은 것과 하고 싶은 것 모두 주님의 인도하심에 따라 은혜로 살아야 한다고 말했다. 비겁하게 하나님께 책임을 떠넘긴 거였다. 호주는 바다가 아주 아름답다. 그중 어느 바닷가에선가 나는 딸에게 말했다.

"네 인생을 책임지실 분은 아빠가 아니고, 하나님 아버지시다."

그리고 수년이 흘렀지만 아이는 질병 때문에 더 힘들어했다. 학교에 공부하러 가는 것도 중요하지만 공부를 잘하는 것으로 해결될 일이 아니었다. 그래서 우리 부부는 친분이 있는 선교사님이 로마서부터 히브리서까지에서 뽑은 200구절(86쪽 참조)을 아이에게 영어로 암송시키기로 했다.

매일 아침마다 두 구절씩 외우고 학교에 가게 했다. 그런데 어린 나이에 발음하기도 어려운 영어 암송이 힘들었는지 하루는 큰딸이 편지를 써놓고 집을 나가버렸다. 참으로 참담한 마음이었다. 아이를 찾는 부모의 심정이 꼭 주님이 당신의 자녀를 찾는 것과 같을 거라는 말씀이 저절로 묵상되었다.

말씀암송을 하면 좋은 점이 많다고 하는데 부작용도 있다. 암송 자체에 대한 부작용이 아니라 암송을 시키고, 암송을 하는 인격적 관계에 대한 부작용이다. 아이는 목회자의 딸로 사는 게 힘들고 싫다고 했다. 그런 딸에게 내가 말했다.

"예림아, 목사의 딸이 아니라 아빠의 딸로 살면 돼."

부모가 목회자인 게 복되기도 하지만 부작용도 있다. 모태 신앙인 자녀들이 인격적으로 주님을 만나기 전까지 그들에게 요구되는 영적인 부분이 행복한 고난일 수 있기 때문이다.

우여곡절 끝에 딸은 200구절을 다 외우고, 중국 한인교회의 초청을 받아 청소년 선교사로 가게 되었다. 이후 중국에서 돌아와 고입과 대입 검정고시를 치르고, 수시모집을 통해 한영신학대학교에 입학했다. 그리고 선교영어학과 2학년 1학기를 마치고 2012년(만 18세)에 어학연수를 위해 미국에 가게 되었다.

둘째 딸도 언니처럼 고검과 대검을 거쳐 한영신대에 입학했다. 그리고 선교영어학과 3학년 1학기를 마치고 2015년(만 16세)에 무디신학교에 입학하기 위해 언니가 있는 시카고로 어학연수를 갔다.

큰딸이 미국에서 생활한 지 4년째가 되었다. 그동안 한 번도 방문하지 못했기에 우리 부부의 마음고생은 이만저만이 아니었다. 그런데 감사하게도 아이들이 출석하는 교회의 목사님이 마침 한국에 오시게 되어 극적으로 만났다. 목사님은 우리가 자녀들을 만나기 위해 미국에 방문하면 본 교회에 집회 일정을 잡겠다고 호의를 베풀어 주셨다.

그것이 계기가 되어 2016년 1월에 3주 동안 미국에서 집회 인도를 하며 자녀들과 꿈같은 시간을 보냈다. 그 기간 동안 하나님의 은혜를 누리면서 큰딸의 고뇌를 마음 깊이 알게 되었다.

아이는 미국에 가서 10개월의 어학연수를 마치고, 더 큰 비전을 꿈꾸며 가족 없는 외로움을 3년 동안 견뎠다. 초등학교 5학년 때부터 나와 함께 가족과 정든 교회를 떠나 뉴질랜드와 호주에서 1년 동안 선교사 훈련을 받았다. 또 한국에 돌아와서는 중학교 1학년으로 학교생활을 마감하고, 1년 6개월 동안 중국의 닝보에 있는 한인교회 게스트 하우스에서 생활하기도 했다.

그러나 큰딸은 다른 나라에서와 달리 미국에서 극심한 외로움을 이겨내야 했다. 또 학비를 벌기 위해 잠을 줄여야 했다. 부모가 신경 써야 할 것들을 혼자서 감내하느라 탈모 현상까지 나타났다. 부모로서 정말 안타깝고 미안한 마음이 들었다.

자취를 하느라 밥도 제대로 해먹지 못하고 힘들게 살아온 게 대견하면서도 가슴이 정말 아팠다. 어학연수를 마친 후부터 학비를 지원받을 수 없는 형편이 딸을 힘들게 했다는 생각 때문이었다. 3주간의 미국 일정을 마치고 떠나기 전날, 나는 집회를 인도하고 받은 사례금과 여행 경비의 일부를 합쳐 딸의 손에 3,000불을 쥐어주면서도 여전히 마음이 아렸다.

한국으로 돌아오던 날, 기도의 동역자들에게 두 딸이 학업에 충실할 수 있도록 후원이 필요하다고 기도 요청을 했다. 그리고 약 2주가 지나 규장 출판사에서 연락이 왔다. 성경통독에 대한 책을 쓰자고. 그날 이런저런 이야기를 나누면서 미국에 있는 아이들에 대한 이야기를 하게 되었고, 대학에 다니는 동안 후원이 필요하다는 말을 했다. 나는 하나님의 선하심을 기대한다.

내가 어려서부터 늙기까지 의인이 버림을 당하거나
그 자손이 걸식함을 보지 못하였도다

시 37:25

언제 어디서나 잘해주셨던 주님이 자녀들의 인생을 책임지실 걸 기대하며, 그들의 앞날을 복되게 인도하실 것을 믿는다.

홈스쿨링이 아닌
홈스테이

둘째 딸 예랑이는 유치원에 보낼 형편이 안 되어 만 5세에 특례입학으로 초등학교에 들어갔다. 그리고 중학교에 올라갈 나이에 중학교에 가지 않고, 나와 미국으로 3개월간 선교여행을 갔다.

미국에서도 아무 데도 가지 않고 숙소에만 있었다(차가 없어서 가고 싶어도 가지 못하는 상황이었다). 12시간은 자고, 12시간은 놀면서 3개월을 보냈다. 그런데 한국에 돌아와서도 그 생활 리듬을 꿋꿋이 유지하는 게 아닌가! 학원에 보내준다고 해도 가지 않겠다고 했다.

그러던 어느 날부터 고입 검정고시를 준비한다고 책을 사서 혼자 공부하더니 합격을 했다. 그다음 해에는 대검 시험까지 합격했다. 그러더니 2013년(만 14세)에 대학에 입학하게 되었다.

그러자 사람들이 나와 아내에게 묻기 시작했다.

"도대체 어떻게 홈스쿨링(Home Schooling)을 하셨나요?"

그래서 어떻게 했는지 가르쳐주었다.

"우리는 홈스쿨링을 한 게 아니라 홈스테이(Home Stay)를 했어요. 먹여주고 재워주고 하나님의 말씀을 읽히고 가르친 게 전부입니다."

둘째 딸이 4년이나 일찍 대학에 가니 주변에 전부 언니, 오빠들밖에 없었다. 나와 아내는 아이가 학교 수업을 따라갈 수 있을지 의문이었다. 리포트를 써내야 하는데 표지를 만들 줄 몰라서 표지도 없이 제출했다. 그런데도 1학년 1학기 때 평균 B학점을 받아왔다. 나이가 어리니까 교수님들이 후한 점수를 준 것 같았다(2학년이 되면서는 적응이 되었는지 1학기 성적은 평점 89.5점을 받았고, 2학기에는 93.4점을 받으며 재미있게 잘 다녔다).

2학년 2학기를 마칠 무렵, 한 지인을 통해 무디신학교 학비가 무료라는 말을 들었다. 때마침 미국에서 공부하는 큰딸도 그 신학교가 있는 시카고에 있었다. 혼자 4년째 미국생활을 하고 있는 큰딸의 외로움도 달래주고 서로 의지하며 지내면 좋겠다는 생각에 둘째 딸을 보내기로 결심했다(사실은 무엇보다도 학비가 무료라는 게 크게 작용했다. 두 아이를 동시에 미국에서 공부시킬 수 있는 형편이 아니었다).

그렇게 둘째 딸이 미국에 간 지 6개월이 지났다. 딸은 한국에 있을 때부터 "아빠 설교가 짱!"이라며 엄지를 치켜세우곤 했는데, 미국에 가서도 내 사역이 참된 사역이라며 SNS 메시지를 보내주었다. 딸이 어학연수 과정에서 '생애 성취상'이라는 주제로 발표를 하는 시간에 나에 대해 발표를 했다며 그 내용을 보내왔다.

A Lifetime Achievement Award(생애 성취상)

The winner is my dad. He should win the award as he teaches the truth. He has read the bible for 10 years. And he is very patient and wise.

Several years ago, he had preached in the church. However, there were some difficulties so he decided to go to New Zealand. And he started to read the bible. When he read the bible 1000 times, he got the wisdom from above.

Now He helps those who are discouraged and lose the will to live. Whenever he meets such people, he encourages them and gives some helpful advices to make them overcome their situation.

Generally, he gives such advices like: "Read the bible. Trust in God. Cast all your anxiety on God".

And he also has a passion for teaching the poor. I love him very much.

수상자는 제 아버지예요. 진리를 가르치시는 아버지가 이 상을 받으셔야 한다고 생각해요. 아버지는 10년 동안 성경을 읽어오셨죠. 또 아버지는 인내심이 많고 현명하세요.

수년 전에 아버지는 교회에서 설교를 하셨지요. 하지만 어려움이 생겨서 뉴질랜드에 가셨어요. 그리고 성경을 읽기 시작하셨죠. 아버지가 성경을

1000번 읽었을 때, 하늘로부터 지혜를 받으셨어요.

지금 아버지는 낙담한 사람들과 삶의 의지를 잃은 사람들을 돕고 계세요. 그런 사람들을 만날 때마다 격려하고, 그들이 상황을 극복할 수 있도록 조언을 해주시죠. 아버지는 이런 말씀을 해주세요.

"성경을 읽으세요. 하나님을 신뢰하세요. 당신의 모든 근심을 그분께 맡기세요."

그리고 아버지는 가난한 사람들을 가르치고자 하는 열정을 갖고 계세요. 저는 그런 아버지를 아주 많이 사랑합니다.

이 글을 읽고 나는 정말 기뻤다. 그런데 항상 이런 좋은 결과만 있는 건 아니다. 두 딸 아래로 막내아들이 있다. 딸들과 마찬가지로 만 5세에 특례입학을 시켰다(2015년 만 15세에 중학교를 졸업하고, 그해 8월에 대입 검정고시에 합격했다). 그런데 이 아이는 정말 성경적으로 산다.

아들이 초등학교 1학년 때였다. 교회에서 빌립보서 전체를 외우고, 산상수훈을 외우고 있었다. 엄마가 매일 준비물을 챙기라고 잔소리를 하니까 아들이 말했다.

"내일 일을 염려하지 말라!"

말씀을 그대로 외웠지만 그 말을 그때 해야 하는지 어떻게 알았을까 신기했다. 아이는 정말 내일 일을 걱정하지 않는다. 중학교 1학년이 되어 성적표를 가져왔다. 30등이었다.

내가 아들에게 물었다.

"전체 성적이냐 반 성적이냐? 너희 반 아이들이 몇 명이냐?"

"31명이요."

"그럼 꼴등했니?"

"아니, 내 밑에 한 명이 있어요".

자존감이 얼마나 강한지 모른다. 내일 일을 염려하지 않는 그 아이를 나도 염려하지 않는다. 인간적으로 생각할 때는 대책이 없지만 반드시 하나님께서 그의 인생도 책임지신다는 걸 믿기 때문이다.

1000 999 998 997 996 995 994 993 992 991
990 989 988 987 986 985 984 983 982 981
980 979 978 977 976 975 974 973 972 971
970 969 968 967 966 965 964 963 962 961
960 959 958 957 956 955 954 953 952 951 950 949
948 947 946 945 944 943 942 941 940 939 938 937
936 935 934 933 932 931 930 929 928 927 926 925
924 923 922 921 920 919 918 917 916 915 914 913
912 911 910 909 908 907 906 905 904 903 902 901
900 899 898 897 896 895 894 893 892 891 890 889
888 887 886 885 884 883 882 881 880 879 878 877
876 875 874 873 872 871 870 869 868 867 866 865
864 863 862 861 860 859 858 857 856 855 854 853
852 851 850 849 848 847 846 845 844 843 842
840 839 838 837 836 835

03

교회를 깨우는 말씀읽기

성경통독 목회를
시작하다

나에게 큰 간증거리는 없지만 목회를 해오면서 교회다운 교회를 세워보려고 이런저런 방법을 시도하다가 하나님의 은혜로 성경통독 프로그램을 붙잡게 되었다(별일 없을 때 예수님을 잘 믿는 게 큰 간증이고 은혜라고 생각한다).

'하나님께서 기뻐하시는 교회는 어떻게 세우는 것일까? 하나님의 말씀대로 사는 것은 어떤 것일까?'

많은 고민 끝에 성경통권 말씀통독 원리를 발견했다.

2004년 안식년으로 먼 나라에서 1년간 성경을 읽고 한국에 돌아와 그리운 가족과 성도들을 보게 되니 감회가 새로웠다. 떠날 때의 심정은 하나님께서 행하시는 목회를 보는 거였다. 그런데 교회는 별반 달라진 게 없었다. 대신 믿음의 눈이 또렷하게 보였다. 또한 내 마음이 바뀌었다. 목회는 내가 하는 게 아니라 주님이 앞서 가시는 뒤를 따라 가면 충분하다는 걸 배웠다. 성도는 내가 변화시키는 게 아니라 주님이 행하신다는 것도 알았다.

이때부터 본격적으로 성경통독 목회를 시작했다. 교회의 모든 프로그램이 성경통독이 되었다. 수련회를 가도, 성경학교를 해도 통독을 했다. 참으로 행복한 시간이었다.

매일 오전 10시에 교회에 나와서 바울서신 100장을 읽었다. 좀 빠른 속도로 2시간에 다 읽고 점심을 함께 먹었다. 당시 모습은 매일 떡을 떼는 초대교회를 방불했다. 그러자 성도들에게서 성경을 읽고 변화된 모습에 대한 이야기가 쏟아지기 시작했다. 다음은 함께 나누었던 귀한 간증들이다.

새신자 30독, 100독, 1000독 도전기(루디아 선교사)

교회생활을 한 지 2년 정도 지났을 때 성경읽기를 시작했다. 그때부터 나는 말씀에 반응하며 관심을 갖게 되었다. 하나님께서 통독 프로그램에 적극적으로 임하고 순종하게 해주셨다.

그렇게 5,6년 동안 말씀읽기에 전념하게 되었다. 그리고 지금 내게는 세상의 기준이나 내 기준이 아닌 말씀이 삶의 기준이 되었다. 어찌 살아야 할지 기준이 없던 내 인생이 빛 가운데 말씀의 길, 예수의 길,

생명의 길로 나아가게 되었다.

말씀이 내 안에 늘 자리 잡고 있어서 죄성이 남아 있는 옛 자아가 원하는 쪽보다 하나님께서 원하시는 거룩한 자녀의 삶으로 마음과 생각이 움직이게 되었다. 또 매일 통독을 하면서 믿음이 더욱 견고해지고 흔들림이 없게 되었다. 세상을 향해 뒤돌아보지 않고 오직 영원한 생명을 주신 하나님을 바라보며 그분 안에서 내 영혼이 만족하며 안식했다.

이전에 나는 세상에서 인정받고 싶고, 자아를 더 개발하길 원하며, 남편의 그늘에서 벗어나 경제력도 갖기를 꿈꿨다. 그런데 지금은 세상의 직업(피아노 학원 운영)을 단호히 버리고, 더욱 가치 있고 하나님께서 기뻐하시는 일을 하고 있다.

세상을 향한 선교사로서 말씀과 기도, 봉사와 전도를 통해 사랑하고 축복하는 역할에 힘을 쏟게 되었다. 무엇보다 내 마음에 어떤 것도 부러울 게 없는 평안함이 부어졌고, 기쁨과 즐거움 속에서 하나님나라를 구하며 하루하루를 살게 되었다.

하나님의 자녀로서의 삶을 살면서 가장 큰 변화는 집안 어른들의 사랑을 더 받게 된 것이다. 그리고 어머님이 절에 다니던 발길을 끊으시고 며느리가 믿는 하나님을 믿겠다고 말씀하셨다. 할렐루야! 우리 가정에 하늘의 언어와 하나님의 문화가 정착되었다. 서로 기쁘게 "사랑하고 축복합니다"라고 인사를 나눈다.

그러던 중에 하나님께서 경제적인 빈곤을 허락하셨다. 몇 개월 동안 가스 공급과 전화 통화가 정지되었고, 빚 독촉도 심하게 받게 되었다. 또 차비가 없어서 누구를 만나지도 못하는 상황에 처했지만 이상하리만큼 내 마음은 평온했다.

아이들에게도 "돈이 없는 게 부끄러운 게 아니고, 하나님을 알지 못하고 그 말씀에 순종하지 못하는 게 가장 부끄러운 일이다"라고 말했다. 우리 가족은 광야와 같은 힘든 시간을 하나님만 신뢰하고 서로 위로하면서 보냈다.

또한 세상의 문화가 내 관심을 끌지 못했다. 매일 보던 TV와 30년 넘게 눈만 뜨면 틀었던 음악방송을 끊었다. 눈 뜨면 말씀을 먼저 보고, 하나님을 찬양하는 음악을 들었다. 그리고 종일 성경낭독 CD를 틀어놓았다.

경건생활도 자리를 잡아갔다. 에베소서 1000독에 도전하며 아침에 일어나면 가장 먼저 하루에 3독씩 하던 습관이 옛날의 내 모습을 완전히 바꿨다. 삶에서 최우선순위가 무엇인지 알게 되었고, 영적인 양식을 먼저 먹기 위해 일찍 일어나는 게 습관이 되었다.

30독 도전

처음에는 1000독은 생각도 못했고, 교인들 모두 30독이라는 숫자를 정해놓고 씨름했다. 나도 참 힘들었던 기억이 난다. 성경만 보면 30분을 못 넘기고 잠이 쏟아졌다. 그래서 성경책에 늘 얼굴을 묻고 잠을 잤다.

그다음 날도 마찬가지였다. 그래도 '말씀을 꼭 읽어야 한다'라는 생각에 30독을 목표로 성경책을 손에서 놓지 않으려고 노력했다.

100독 도전

30독을 넘기자 교회의 자매회에서 "100독을 목표로 신약을 읽자"라는 의견이 나왔다. 정말 감사하게도 서로 선의의 경쟁을 하며 성경 읽기에 도전했다. 그래서 나도 뒤질세라 처음보다 더 열심히 100독을 향해 읽어나갔다.

그런데 정말 쉽지 않았다. 성경 말씀이 어려웠고, 깨닫는 것도 둔하고, 더구나 직장에 다니며 집안 살림과 교회 봉사까지 하면서 시간을 내서 말씀을 읽는 게 보통 일이 아니었다. 그런 나를 하나님께서 100독까지 인도해주셨다. 정말 은혜였다. 더 큰 은혜는 통독 이후로 성경을 읽는 게 습관이 되었고, 성경과 친해진 것이다.

100독을 마치고 나니 하나님께서 나를 믿음 위에 올려놓으셨다. "그러므로 믿음은 들음에서 나며 들음은 그리스도의 말씀으로 말미암았느니라"(롬 10:17). 영적으로 아기였던 내가 걸음마를 할 수 있도록 해주셨다. 목사님의 설교를 들을 때 영적인 깨달음으로 오고, 제대로 믿음생활을 하고 싶은 마음이 강해지면서 말씀이 온통 나를 사로잡았다. 모든 면에서 완전하지 못했지만 하나님께서 원하시는 삶을 살고 싶어졌다.

그렇게 말씀통독 생활이 유지되는 가운데 내게 큰 결단의 시간이 왔다. 통독을 하면서 하나님의 일에 더 헌신하며 살아야겠다는 생각이 들었다. 그것이 가장 귀한 일임을 알게 되었고, 무엇보다 나를 통

해 하실 그분의 계획을 알게 되면서 우리 가정이 모두 구원받기를 소
망하게 되었다.

당시 남편은 하나님을 모르고 살았다. 두 딸도 착하게 잘 자랐지
만 영적으로는 아무런 가르침도 받지 못했다. 그래서 내가 먼저 살
아나야겠다고 생각했다. 그 후로 모든 것에 적극적으로 행하며 목사
님의 인도하심에 항상 순종했다. 때로 나도 모르게 내 열심으로 일을
하기도 했지만 그것마저 은혜였다. 하나님께서 나날이 은혜를 주시
며 나를 많이 다듬어주시고 변화시키셨다.

1000독 도전

100독을 한 이후 성경을 읽는 횟수가 늘어남에 따라 늘 하나님께
서 보시기에 합당한 자로 살고 싶었다. 나뿐만이 아니라 교회의 모든
성도들이 그랬다. 그 결과로 교회에 말씀 1000독과 암송의 부흥이
일어났고, 모두가 하나님의 말씀만이 살길이라고 여기며 말씀을 양
식으로 삼아 살아가고 있다.

1000독을 작정하고 6개월이 넘는 기간을 하나님께 드리면서 그
말씀이 내 인격이 되며 전부가 되길 원했다. 말씀이 남편을 구원하길
바랐고, 말씀 안에서 아이들을 키우길 원했다. 그리고 진정한 진리로
자유하고 싶었다. 물질과 죄와 내 연약함 등 나를 구속하는 많은 것
으로부터. 그리고 오직 하나님만 사랑하고 삶의 우선순위에 항상 그
분만 있기를 원했다.

에베소서 1000독을 마치고 내게 나타난 건 영적인 성숙이었다. 하

나님께서 많은 것을 축복하시며 늘 함께하심을 느끼게 되었다. 또 그분의 일에 동역하기 원하신다는 걸 알게 되었다. 그 계획에 감사하며 하나님께서 쓰시기에 좋은 그릇이 되길 기도했다. 새로운 존재가 되어 말씀으로 복음만을 전하며 살 것이다.

가정 회복의 열쇠인 말씀통독(주빌리 선교사)

나는 하나님을 믿기 전에는 이런 생각을 많이 했다.

'사람들이 죽으면 어디로 갈까? 도대체 이 세상의 끝은 어디일까?'

그런 내게 하나님께서 찾아오셨다. 하나님을 믿으면서도 그분을 위해 사는 삶이 아닌 나를 위한 인생을 살고 있을 때, 성경통독을 통해 말씀으로 그분을 만나게 되었다.

정독을 해도 이해하기 어려운 말씀을 2배속의 빠른 속도로 통독을 하는 게 처음에는 그저 신기했다. 그런데 통독을 하며 하나님께서 고린도전서 13장을 암송할 마음을 주셨다.

그리고 하나님을 믿으면서도 말하고 깨닫고 생각하는 게 어린아이 같은 내게 고린도전서 13장 11절의 말씀을 통해 어린아이의 일을 버리고 장성한 사람이 되는 은혜를 주셨다. 내 욕심을 버리고, 나보다 남을 사랑하고 축복하며, 자녀를 내려놓도록 훈련시키셨다.

교회에서 바울서신 통독을 하고 있을 때였다. 한참 말씀으로 하나님을 만나고 싶은 열정이 있어서 교회에서 2시간 동안 들으면서 읽는 게 힘들지 않았다.

어느 날, 에베소서 1장 1-14절에 있는 말씀을 읽는 중에 이 땅에 사는 목적을 알게 되었다. 나를 창세전에 택하셨다는 말씀이 너무나도 놀라웠다. 또한 하나님께서 나를 거룩하고 흠이 없는 하나님의 자녀로 삼아주심에 가슴이 설레었다.

계속 통독을 하며 로마서 8장 말씀을 볼 때 우주 만물의 모든 피조물들조차 하나님의 자녀 출생을 고대한다는 말씀이 내 안으로 들어왔다. 그러자 나뭇잎의 흔들림도 인사하는 것처럼 보이고, 꽃들이 활짝 피어난 것도 예쁘게 웃는 것처럼 보였다. 바람과 구름과 달과 별도 나를 반기는 듯했고, 하나님께서 만드신 모든 만물이 아름답게 느껴졌다. 그래서 나는 감사함으로 자연을 누렸다.

또 하나님께서 말씀으로 내 안의 쓴 뿌리와 옛사람을 조금씩 걷어내는 작업을 하셨다. 의심과 걱정이 많고 부정적이었는데 '하나님께서 이런 모습을 좋아하시지 않겠구나'라는 생각을 하기 시작했다.

말씀통독을 붙잡은 후에 구약 15독, 신약 150독, 바울서신 600독, 갈라디아서 1000독을 했고, 구약과 고린도전서 1000독을 위해 나아가고 있다.

성경을 읽으면서 구체적으로 달라진 내 모습은 이렇다. 남편과 싸우면 나는 늘 이기기를 원했다. 남편이 젓가락을 던지면 나는 상을 엎었고, 그가 그릇을 깨면 나는 거울을 깼다. 지금은 하나님께서 그런 나를 통해 그리스도를 나타내시려고 남편의 말에 순종하게 하신다.

말씀통독을 하기 전까지 나는 시어머니가 정말 미웠다. 남편에게 전화를 해서 시골로 일주일에 한 번 꼴로 오라 가라 하시는 모습이 싫었다. 또한 남편을 직장에 못 다니게 하고 교회 일만 하도록 부추기는 며느리로 나를 오해하셔서 많은 핍박을 하셨다.

그러나 말씀통독을 시작하면서 시어머니의 모진 말에도 아무 대꾸도 하지 않고 바보 같은 며느리로 살던 어느 날, 시어머니가 사람들 앞에게 나를 칭찬하셨다. 셋째 딸을 낳고부터 시어머니에게 친정엄마처럼 친근하게 다가가게 된 것도 말씀의 힘인 것 같다.

또 내 욕심과 자랑과 소유로만 생각했던 자녀들에게 집에서 통독과 암송으로 하나님의 자녀로 거룩하게 구별시키는 훈련을 하게 하셨다. 하나님께서 원하시고 기뻐하실 것에 대해 말씀으로 예를 들어가며 훈육하면서 나와 아이들이 같이 훈련받는 기간이었다.

몇 년 동안 통독과 암송으로 땅을 일구며 씨를 뿌리는 작업을 하고 있다. 자라나게 하시는 하나님을 바라보며 아이들과 말씀을 통독하며 은혜를 나눈다.

농부의 마음으로 씨를 뿌리면 하나님의 때에 정말 건실하고 맛있는 열매를 맺게 해주실 걸 믿으며 그 열매를 하나님께 드릴 생각을 하니 기쁨이 흘러넘친다. 세 자녀들이 모두 마음에 복음을 품고 세상에 나가 그리스도의 비밀을 전한다면 그 얼마나 멋진 일인가!

이단에서 나와 말씀으로 회복되다 (이제나 선교사)

이단에서 꽤 오랜 세월 있다가 하나님의 은혜로 나오게 되었다. 그렇지만 교회와 목회자에 대한 불신으로 쉽게 교회에 정착하지 못하다가 죠이교회로 인도받게 되었다. 그리고 잘못된 지식에 빠져 있던 나를 하나님께서 말씀통독으로 이끌어주셨다.

교회 프로그램으로 진행되었기에 순종하는 차원으로 읽기 시작했다. 눈으로는 성경을 보고, 귀로는 말씀을 들으면서 각 지체가 연합하여 하나님의 말씀을 받드는 일에 수종을 들었다. 처음에는 몇몇 성도들끼리 서로 선의의 경쟁을 해가며 말씀 읽는 데 재미를 붙였다. 내게는 기적 같은 일이었다. 원래 책 읽기를 즐겨하지 않아서 지금까지 읽은 책이 손에 꼽을 정도다. 그리고 한 번 읽은 책은 두 번 다시 읽지 않았는데 성경은 달랐다. 읽을수록 자꾸만 읽고 싶고 질리지가 않았다.

무슨 일을 계획하고 추진해가다가도 끝까지 가지 못하고 포기하거나 흐지부지 끝내는 경우가 많아서 지속적인 말씀통독은 정말 내게 큰 은혜였다. 읽을 때마다 주시는 은혜가 달랐고, 읽을수록 달콤함이 느껴졌다(시 119:103). 무엇보다도 구원의 확신을 주셨고, 나라는 존재가 얼마나 귀한지 깨닫게 하신 하나님께 감사드린다.

내가 말씀 속에 잠겨 있을 때와 그렇지 않을 때, 그 차이가 분명히 드러나는 걸 볼 수 있었다. 삶에 똑같은 문제가 생겼을 때 내 마음이 예수로 가득 차 있으면 내가 애쓰지 않아도 넉넉히 감당이 되었다. 그러나 말씀을 소홀히 할 때는 내가 주인 되어 내 방법대로 해결하려 하고, 원망하고 불평하며 넘어지기 쉬운 걸 볼 수 있었다.

진짜를 확실히 알면 모조품을 분별할 수 있다고 한다. 하나님께서는 통독을 통해 그분께 속한 교회와 이단 교회를 분별할 수 있는 눈을 열어주셨다. 또 말씀이 육신이 되어 오신 예수님은 내 마음에 당신의 집을 더욱 견고히 세우시기 위해 하나님만 바라보도록 훈련을 시키셨다.

몇 년 동안 교회 안에서 사람에 대해 불편한 마음이 있었다. 그런데 사람을 의지했다가 실망하고 넘어지고 아파하던 내가, 말씀을 통해 관계의 자유함을 얻게 되었다. 요한일서 1000독을 하면서 2장 3-6절 말씀을 통해 거짓말하는 자로 살고 싶지 않아 그를 직접 만나 용서를 구했다.

내가 억지로 한 게 아니라 하나님께서 기쁘게 만날 수 있게 해주셨다. 더불어 사람은 의지의 대상이 아닌 사랑의 대상일 뿐임도 알게 되었다. 또한 '교회 따로, 가정 따로'가 아니라 가정에서도 동일하게 예수님이 주인 되시도록 훈련하며 지냈다.

자녀들에게도 말씀을 의지하며 성경을 읽혔다. 큰아이는 통독이 습관이 되어 잘 읽고 있다. 말씀이 친히 아이들을 다스리심으로 그들이 하나님의 자녀로 살길 기대하면서 같이 말씀을 읽고 은혜를 나누며 기도한다. 아이들은 주 안에서 내 동역자들이다. 남들처럼 학원에 보내지 않아도 하나님께 소망을 두기에 걱정이 안 된다.

또한 좁지만 아늑한 보금자리에서 병환 중인 친정어머니를 감사함으로 모시고 복음을 전할 수 있게 하셨다. 가난한 자 같으나 믿음으로 부요케 하신 하나님께 감사드린다.

말씀통독은 내게 생명의 길로 인도하는 주의 지팡이와 막대기다. 거짓에 속아 곁길로 빠지지 못하도록 끌어주시고 목적지에 제대로 가도록 돕기 때문이다. 오직 내게서 예수님의 생명만이 흘러가길 소망하며 하나님의 일하심을 기대한다.

환난과 가난과 질병이 와도, 아멘(하레이스 선교사)

결혼을 하고 임신하게 되면서 자녀에게 모태신앙을 심어주고 싶은 욕심에 다시 교회에 다니게 되었다. 또 교회에 가지 않으면 잘못될 지도 모른다는 두려움을 가지고 천국에 가기 위한 기복신앙의 삶을 살았다.

그러던 어느 날, 신앙이 내게 장식품 같다는 생각이 들어서 진심으로 하나님을 찾게 되었다. 주변에 연륜이 있는 권사님들의 권유로 기도원에 다니며 영성 훈련을 받았다. 여러 은사를 경험하고 2시간 이상 방언 기도를 하는데, 이상하게도 말씀만 읽으려고 하면 30분도 읽지 못하고 졸다가 성경을 덮기 일쑤였다. 그래서 성경을 1독도 하지 못했다.

그러면서 삶의 방향도, 자녀 교육에 대한 방법도 시원하지 않고 세상 방법으로 열심히 살아보려고 했던 시절이 허무하게 느껴졌다. 그러다 이사를 하고 교회를 정하지 못해 기도를 했다.

'하나님, 말씀으로 훈련받을 수 있는 교회로 인도해주세요.'

기도의 응답으로 2000년 9월에 죠이교회로 인도를 받았다. 그러나 나는 십일조를 꼬박꼬박 드리고, 주일예배에 빠지지 않고, 가끔 수요예배나 금요일 목장예배에 참석하면 열심히 신앙생활을 하는 것으로 착각했다. 몸은 힘들고 마음은 계속 갈급했다. 말씀 읽는 것도 목장예배 때 겨우 장수를 채울 뿐이었다.

그러다가 2003년 중반쯤 교회 사역을 돕기 위해 오셨던 한 선교사님을 통해 여름수련회 프로그램으로 신약 1독을 했다. 처음 했다고 해도 과언이 아니었다. MP3로 말씀을 틀어놓고 읽는데, 이상하게도 몸이 깨질 것 같은 아픔과 졸음이 몰려와서 힘겹게 싸우며 읽어 나가야 했다.

하나님께 부끄럽고 죄송한 마음이 들었고, 마침내 성경을 더 읽어야겠다는 결심도 하게 되었다. 처음에는 통독 테이프를 복사해 신약 30독, 100독을 하기 위해 설거지를 하면서도 자면서도 들었다. 가정에서 자녀들과 각자 1년에 1000독을 작정한 말씀 한 권을 하루에 3번 이상 읽었다. 또한 저녁시간에는 가족이 모여 창세기부터 2배속으로 20분 정도 통독하고 암송 점검을 했다. 그때부터 지금까지 말씀을 계속 듣고 읽고 지키는 복을 허락하신 하나님께 감사드린다.

하나님께서는 사랑하는 방법도 구원의 감격도 부활 생명이 무엇인지도 몰랐던 나를 말씀을 통해 회개케 하시고 회복시키시고 위로해

주시며 인격적인 구원을 허락하셨다. 나를 창조하신 하나님 아버지를 알게 되었고, 인생을 어떻게 살아야 하는지, 사람을 어떻게 사랑하고 섬겨야 하는지, 자녀를 어떻게 키워야 하는지를 알게 해주셨다.

무엇보다 감사한 건 성경이 읽어지는 거였다. 꿀과 송이꿀보다 더 달다고 하는 그 맛이 느껴졌다. 말씀이 육신이 되어 오신 예수님이 느껴지고, 이해가 안 되었던 '선악과'와 '심판'에 대한 하나님 아버지의 마음을 알게 되었다.

또 목사님의 설교가 잘 들렸다. 육신의 체질을 말씀통독 체질로 바꿔주셔서 성경이 더 읽고 싶고, 말씀에 순종하고픈 마음이 생긴 건 정말 놀라운 은혜였다. "믿음은 들음에서 나고 들음은 그리스도의 말씀으로 말미암는다"라는 말씀처럼 성경을 읽으니 세상을 이길 수 있는 믿음이 생겼다. 성경이 역사 속 인물들의 이야기가 아니라 하나님께서 나를 향해 말씀하시는 것이라는 믿음이었다. 그래서 환난과 가난과 질병이 와도, 자녀교육 문제도 "아멘"하게 되었다.

갑자기 두 자녀의 건강에 이상 증세가 발견되어 심방중격결손과 사구체신염을 앓고 있음을 알게 되었다. 하지만 나는 병원에서 검사를 받으며 고통스러워하는 아이들에게 영어로 주기도문을 외우게 했다. 그리고 생각했다.

'그래, 심장과 신장에 조금씩 상처가 났어도 천국에 가는 게 나을 거야.'

또 없는 것을 있게 하시고, 죽은 자를 살리시는 하나님의 사랑을 깨닫고 눈물을 흘릴 때가 많았다. 주변 사람들과 친척들의 따가운 시선을 뒤로하고 말씀에 붙어 사는 은혜를 주셔서 감사했다.

하나님께서 믿지 않던 남편을 구원해주시고, 5년 동안 지냈던 제사를 끊게 해주셨다. 이를 통해 말씀만 읽어도 영혼 구원과 세계선교가 된다는 믿음을 주셨다. 또 믿지 않는 시댁과 친정 형제들을 구원해주신 하나님께 감사드렸다.

또한 희미하고 보이지 않는 미래가 확실해졌다. 예수님 때문에 사명이 생겼다. 하나님을 경외하는 게 무엇인지 모르면서도 하나님을 경외하게 해달라고 늘 기도했다. 또 전도서 12장 13절의 말씀이 응답되고, 신명기 6장의 말씀이 응답되어 자녀들을 하나님의 자녀로 양육할 수 있는 믿음이 생겼다.

> 일의 결국을 다 들었으니
> 하나님을 경외하고 그의 명령들을 지킬지어다
> 이것이 모든 사람의 본분이니라
>
> 전 12:13

자녀들이 말씀을 읽지 않고 암송도 하지 않고 불순종할 때면 힘들었지만 세상에 속아서 진리를 모르고 산다면 더 마음이 아플 것 같았다. 우리의 자녀들이 진리 안에서 행함이 있는 믿음으로 사명을 감당할 때, 하나님을 기쁘시게 하고 세상이 감당치 못하는 아이들로 성장하리라 믿는다.

통독으로
선교하는 교회

　가난한 교회의 가난한 성도들이 성경통독을 붙잡게 되자 교회는
말씀으로 풍성해지고 성도의 영적인 삶 역시 풍성해졌다. 여전히 연
약한 육신의 모양이지만 영혼의 형상은 그리스도를 닮아갔고, 교회
는 사랑과 축복과 생명의 영생 공동체가 되었다.

　그런데 나와 성경을 10년 이상 꾸준히 읽은 성도들이 은혜의 에너
지를 어딘가에 쏟아내지 못해 아쉬워하며 다람쥐 쳇바퀴 돌듯 동일
한 일상을 힘겨워하기 시작했다.

　그러던 중 레제나하우스에서 역사서를 중심으로 읽는 '말씀통독
세미나'와 구속사를 중심으로 읽는 '예스통독세미나'가 본격적으로
시작되면서 말씀으로 은혜받은 에너지를 발산할 곳이 생겼다. 작은
교회는 자칫 정체되기 십상인데, 뜻밖에도 말씀으로 헌신할 장이 열
린 것이다. 이렇게 교회 밖 통독세미나는 봄, 가을 학기로 1년에 두
번 열린다.

　세미나 기간 중에 교인들 중 일부는 스태프로 봉사를 하기도 한
다. 또한 교회 안에서도 매년 2,3회 통독학교를 여는데, 이때는 잘
훈련된 성도들이 돌아가면서 강의를 한다. 나는 뒤에서 보기만 해도
흐뭇하고 대견하여 기쁨이 샘솟는다. 또한 오프라인 세미나에 참석
할 수 없는 사람들을 위해 온라인에서 성경을 통독하는 프로그램도
있다.

이 프로그램을 통해 전 세계에 흩어져 있는 한인 디아스포라가 성경을 읽도록 하는 사역으로 확대하려고 한다. 감사하게도 2016년 1월에 미국에 다녀온 이후, 미국에서 몇 개 팀이 온라인 상에서 성경을 읽고 있다. 죠이교회는 레제나하우스 성경읽기를 통해 성경통독으로 세계선교를 할 수 있는 장을 열었다. 또 성경통독 아웃리치도 준비하고 있다(자세한 소개는 204쪽 참조).

약 2,000년 전 초대교회 시대에는 네로 황제의 명령에 의해 예수를 믿는다는 이유만으로 사자 밥이 되는 경우가 있었다. 그런데 어떤 바보 같은 사람이 예수 그리스도를 믿지도 않으면서 믿는 척하다가 사자 밥이 되었겠는가! 이와 반대로 극심한 핍박이 별로 없는 현대에 예수 그리스도를 믿는 척하는 자가 충성된 일꾼이란 소리를 들을 수 있겠는가! 또 하나님께서 믿는 척하는 자에게 속아서 그를 착하고 충성된 종이라고 하시겠는가!

교회생활은 곧 믿음생활이다. 믿는 척할 것인가, 믿을 것인가? 이것이 문제다. 믿음은 이해하는 게 아니라 은혜로 믿어지는 것이다. 은혜는 내가 믿으려는 것이 아니라 하나님의 은혜로 이해되어지는 믿음이다. 그것은 믿을 수 없는 예수 십자가 진리의 기적이 은혜로 믿어지고, 그 은혜로 좁은 문, 좁은 길의 인생살이가 된다.

또한 그로 말미암아 우리가 믿음으로 서 있는
이 은혜에 들어감을 얻었으며

하나님의 영광을 바라고 즐거워하느니라

롬 5:2

너희는 그 은혜에 의하여

믿음으로 말미암아 구원을 받았으니

이것은 너희에게서 난 것이 아니요 하나님의 선물이라

엡 2:8

그러므로 은혜 위에 은혜는 믿음의 삶이다. 교회는 은혜가 충만한 곳이다. 말씀은 그 은혜를 공급하는 통로이다. 말씀의 통로 안에서 은혜가 충만한 교회의 성도는 믿는 척하기보다는 말씀을 중심으로 믿음생활을 할 것이다. 그들은 하나님의 일을 자신의 일이라 믿는 기도의 사람이며, 하나님의 뜻을 자기의 삶이라 믿는 말씀의 사람이다.

그들에게는 가난해도 믿음으로 살 수 있다는 자신감, 질병으로 육신이 연약해도 믿음으로 살 수 있다는 자신감, 실력이 부족해도 믿음으로 살 수 있다는 자신감이 있다. 믿음이 부요한 자의 자신감은 물질을 믿음으로 사용할 수 있는 헌신, 믿음이 건강한 자의 자신감은 육체를 믿음으로 사용할 수 있는 충성, 믿음의 실력자에게 자신감은 능력을 믿음으로 사용할 수 있는 지혜이다.

외모, 건강, 물질, 능력에서 오는 자신감은 교만의 극치를 보이지만, 믿음에서 오는 자신감은 거룩함이 묻어나는 내가 죽고 예수가 사시는 삶이다. 성경통독에는 믿는 척하는 짝퉁 그리스도인을 명품 그리스도인으로 바꾸는 에너지가 있다.

성경은 하나님의 비밀이다. 이 비밀은 그리스도의 생명으로 나타나서 사람에게 임마누엘로 연합되는 '신학의 비밀'이다. 이것을 깨달은 성도가 순종하면 '신앙의 신비'가 흐르게 된다. 예수의 생명인 신학의 비밀을 깨닫게 하고, 성도의 순종인 신앙의 신비로 살게 하는 원동력은 하나님의 말씀인 성경에 있다.

성경은 순종을 요구하지만 순종은 믿음으로만 할 수 있다. 그 믿음은 들음에서 나고, 들음은 그리스도의 말씀이다. 그 말씀은 본질적인 그리스도의 구속사역을 말하고 있다. 그러므로 구속사적인 성경통독은 '내가 죽고 예수로 살게' 하는 은혜의 통로이다.

하나님께서 루터를 통해 '믿음으로 구원'이라는 종교개혁을 일으키셨듯이 예수 그리스도를 중심으로 읽는 성경통독은 우리에게 '믿음으로 순종'하게 하는 새로운 종교개혁이 일어나게 할 것이다.

완전한 진리

세상에 살면서 세상이 그리우면 세상으로 더 깊이 들어가듯이,
세상에 살면서 하늘의 진리가 그리우면
말씀으로 더 깊이 들어간다.
더 넓게, 더 깊게 파고 또 파도 끝없는 깊이에 빠져 헤어나지 못한다.
어디가 끝인지도 모르고 달려왔는데
아직도 그 끝이 어딘지 잘 모르겠다.
완전한 자유가 마르지 않고 흘러야 되는데 졸졸 흐른다.
그래서 말씀으로 더 깊이 들어갈수록 말씀이 더 그리워진다.

\

말씀은 진리의 열쇠

거룩한 하나님의 말씀은 세상과 구별된 울타리다.
성경읽기로 세상과 구별된 울타리 안으로 들어가는 길을 찾는다.
성경읽기로 거룩한 말씀의 울타리 안에서 천국 가는 길을 찾는다.
성경읽기는 세상살이를 천국살이로 사는 방법을 찾는 열쇠이다.

성경은 우리의 미래

역사 속에서 보여주는 지나간 영화의 한 장면이 아니다.
성경의 역사는 현실에서 다가올 참 현실의 영화를 미리 보는 것이다.
그러므로 성경의 역사는 생생한 내 현실이다.
나는 주님과 함께 영화 속에서 사는 것이다.

\

살리는 중독

사랑에 중독되면 원수를 축복할 수 있고,
진리에 중독되면 비진리를 분별할 수 있으며,
성경에 중독되면 세상의 독을 해독시킬 수 있다.

\

말씀으로 호흡하라

꿈결 같은 인생의 살결은 나뭇결처럼 갈라지고,
물결 같은 세월은 숨 가쁘게 달려간다.
세상의 욕망은 거친 죽음의 숨결이고,
그리스도의 말씀은 영혼이 숨쉬는 생명의 숨결이다.
그분의 말씀은 영혼이 숨쉬는 호흡이다.
말씀이 호흡할 때마다 생명이 살아난다.

성경을 쓰신 주님

구약은 약속으로 쓰신 말씀
복음서는 삶으로 쓰신 말씀
역사서는 증인으로 쓰신 말씀
서신서는 새로운 삶으로 쓰신 말씀
예언서는 미래를 현실로 쓰신 말씀

\

매일 부활

인생은 사는 만큼 죽는다.
죽은 만큼 산 것이다.
그러므로 죽을 날만 남은 것이다.
그러나 부활신앙을 가지고 날마다 죽는 사람은
매일 부활하여 살날만 남은 것이다.

마음으로 듣는 말씀

내 눈을 열어 주의 법에 기이한 것을 본다.
내 마음을 열어 하나님의 마음을 담는다.
내 마음을 오려내고 그리스도의 마음으로 채운다.
말씀을 듣고 순종하는 마음이 이식된 자는
그리스도의 심장으로 산다.

\

성경의 길

두 마음을 품은 자는
세상과 성경 사이에서 머뭇머뭇거리지만,
그리스도의 마음을 품은 자는
머뭇거리는 사람들을 성경의 길로 인도한다.

\

복음

선포한 진리는 생명.
복음은 설명이 아니고 선포이다.
복음은 지식이 아니고 진리이다.
복음은 논리가 아니고 생명이다.

● 바울서신 영어 암송 200구절

로마서(32절)

1:16,17 2:7 2:10 3:23,24 4:5 4:14 5:17 5:19 6:11 6:22 7:4 7:6
8:2 8:37 9:2 9:16 10:9 10:17 11:22 11:32 12:1,2 13:8 13:14
14:17,18 15:7 15:17 16:25,26

고린도전서(32절)

1:23,24 2:4,5 3:9 3:14 4:2 4:20 5:7,8 6:19,20 7:19 7:23 8:3 8:9
9:19 9:23 10:13 10:31 11:26 11:32 12:3 12:27 13:8 13:13 14:3
14:33 15:20 15:31 16:13,14

고린도후서(26절)

1:9,10 2:14,15 3:6 3:18 4:6 4:18 5:2 5:18 6:1,2 7:1 7:10 8:7
8:9 9:7 9:14 10:4,5 11:2 11:28 12:10 12:12 13:9 13:12

갈라디아서(12절)

1:1 1:4 2:15,16 3:7 3:29 4:6 4:31 5:6 5:14 6:2 6:15

에베소서(12절)

1:4,5 2:21,22 3:16 3:20 4:1 4:3 5:13 5:16 6:7 6:10

빌립보서(8절)

1:20 1:27 2:5 2:13 3:20,21 4:9 4:13

골로새서(8절)

1:21,22 2:6,7 3:14 3:24 4:2 4:5

데살로니가전서(10절)

1:3 1:5 2:11,12 3:12, 13 4:7 5:16,17,18

데살로니가후서(6절)

1:3 1:11 2:13,14 3:3 3:16

디모데전서(12절)

1:5 1:14 2:5,6 3:4 3:7 4:4,5 5:8 5:10 6:6 6:11

디모데후서(8절)

1:7 1:9 2:10 2:15 3:12 3:15 4:2 4:7

디도서(6절)

1:2,3 2:11 2:12 3:4,5

빌레몬서(2절)

1:8,9

히브리서(26절)

1:2,3 2:14 2:17 3:6 3:14 4:2 4:12 5:7,8 6:12 6:17 7:22
7:25 8:1,2 9:27,28 10:22,23 11:1 11:6 12:2 12:10 13:8
13:16

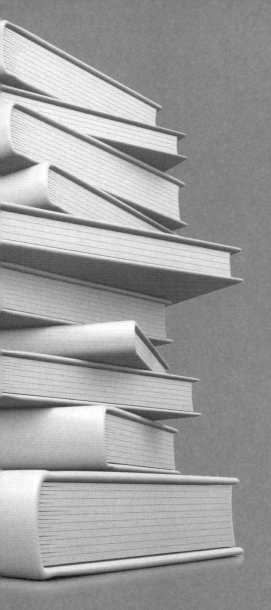

2

성경통독의
유익과 원리

1000 999 998 997 996 995 994 993 992 991
990 989 988 987 986 985 984 983 982 981
980 979 978 977 976 975 974 973 972 971
970 969 968 967 966 965 964 963 962 961
960 959 958 957 956 955 954 953 952 951 950 949
948 947 946 945 944 943 942 941 940 939 938 937
936 935 934 933 932 931 930 929 928 927 926 925
924 923 922 921 920 919 918 917 916 915 914 913
912 911 910 909 908 907 906 905 904 903 902 901
900 899 898 897 896 895 894 893 892 891 890 889
888 887 886 885 884 883 882 881 880 879 878 877
876 875 874 873 872 871 870 869 868 867 866 865
864 863 862 861 860 859 858 857 856 855 854 853
852 851 850 849 848 847 846 845 844 843 842 841
840 839 838 837 836 835 834 833 832 831

01

통독의 유익

복의 통로인
성경통독

사람이 사람의 일을 하면 일용할 양식을 얻을 수 있고 그 모습도 아름답다. 그런데 사람이 하나님의 일을 하면 영생의 양식을 얻을 수 있으며 그 모습은 고귀하다. 어떻게 한낱 인간이 위대하신 하나님의 일을 할 수 있을까! 참으로 영광스러운 일이 아닐 수 없다.

하나님의 일은 범사에 그리스도를 믿는 것이다. 입으로 먹는 음식이 내 몸의 피와 살이 되는 것처럼 그리스도를 믿는 건 영생하는 그리스도를 먹고 그분이 내 몸이 되는 걸 말한다. 그러므로 성경통독은 그리스도의 피와 살을 먹는 일의 첫 단계라고 할 수 있다.

오직 말씀과 기도로 15만여 명의 고아를 먹여 살려 '고아의 아버지'라고 불리는 조지 뮬러는 성경 200독을 했던 성경의 사람이었다. 어느 날, 한 기자가 그에게 물었다.

"어떻게 그런 엄청난 일을 할 수 있었습니까?"

뮬러가 대답했다.

"내 사역의 힘은 성경에서 비롯되었죠. 내 영적 생활의 활력은 날마다 성경을 읽느냐 읽지 않느냐에 정비례합니다. 66년의 내 삶의 체험을 통해 담대히 말할 수 있어요. 처음 신앙생활을 시작하고 3년 동안은 성경의 소중함을 미처 깨닫지 못했습니다. 당시 나는 기쁨도 사명도 없는 죽은 사람과 같았고, 내 생애에서 '잃어버린 날들'을 보내고 있었죠. 그러나 성경을 매일 묵상하게 된 후부터 마음에 기쁨이 넘쳤고, 하나님의 복을 경험하게 되었습니다."

네가 네 하나님 여호와의 말씀을 청종하면

이 모든 복이 네게 임하며 네게 이르리니

신 28:2

하나님께서 주시는 복을 받기 위해서는 순종하면 된다. 누구나 다 축복받는 인생이길 원하는데 복을 받는 순종이 쉽게 되지 않는다. 그 이유는 지식이 없어서가 아니라 믿음이 없어서다. 그런데 믿음이 있는데도 순종이 잘 안 된다고 생각하는 사람들이 있다.

이런 착각은 대개 지식과 믿음을 혼동하는 데서 생긴다. 지식은 있는데 순종이 힘든 건 지식이 결코 순종을 생산하지 못하기 때문이다. 그러나 믿음은 순종을 가져다준다. 그러므로 순종을 잘하기 위해서는 믿음이 있어야만 한다.

성경은 "믿어 순종하게 하나니"라고 말씀한다(롬 1:5). 믿음이 생기면 문제가 해결되지만 믿음이 저절로 생기지는 않는다. 믿음이 생기려면 반드시 말씀을 들어야 한다.

믿음은 들음에서 나며
들음은 그리스도의 말씀으로 말미암았느니라

롬 10:17

하나님의 말씀을 읽으면 믿음이 생기고, 믿음이 순종을 낳고, 순종으로 하나님께서 주시는 모든 복을 받게 된다. 성경을 통독하는 게 하나님의 명령이며 복의 지름길이기 때문이다.

하나님의 마음 받기

내가 이새의 아들 다윗을 만나니
내 마음에 맞는 사람이라 내 뜻을 다 이루리라

행 13:22

또 사무엘상 13장 14절을 보면 하나님께서 마음에 맞는 사람을 찾고 계시다는 걸 알 수 있다. 또 빌립보서에는 그리스도 예수의 마음을 품으라는 말씀이 나온다. 우리가 하나님의 뜻을 이루기 위해서는 하나님의 마음인 그리스도 예수의 마음을 품어야 한다. 하나님의 온전하신 뜻은 우리가 예수 그리스도를 닮는 것이다!

세상의 비극은 사람이 그리스도인이 되지 못하는 것이다. 그러나 그리스도인이 그리스도인답게 살지 못하는 것도 비극이다. 세상 사람들에게 축복은 하나님의 말씀인 복음으로 인생살이와 세상살이에서 구원받고 그리스도인이 되는 것이다. 그리스도인에게 축복은 복음의 주체이신 그리스도가 성령으로 성도들에게 오셔서 예수살이와 천국살이를 살게 해주시는 것이다.

하나님께서는 죄인이 죽는 걸 기뻐하지 않으시고 돌이켜 살아가기를 원하신다. 또 구원받은 성도들이 그분의 이름을 거룩하게 하는, '하나님의 마음에 합한 사람'으로 살아가기를 원하신다.

성경을 통독하는 건 자기 의와 생각과 지식의 파편들을 빼내는 작업이며, 주님의 마음이 내게 들어올 수 있는 기회이다. 이런 시간을 길게 그리고 자주 가질수록 깊이 있는 성경통독이 되어 새로운 묵상과 적용점을 발견할 수 있다. 통독을 통해 주님의 마음이 우리에게 들어오고, 그 마음을 품는 게 '묵상'이며, 그 마음으로 사는 게 '적용'이다.

처음에는 알고 이해하고 깨닫기 위해 성경을 읽었다. 하지만 알아지지도 이해되지도 깨달아지지도 않았다. 그러던 어느 날, 내가 성경을 읽는 줄 알았는데 성경에게 내가 읽히고 있다는 느낌이 들었다. 성경이 나를 조명하고 내게 말하는 것 같았다. 내가 성경을 깨달으려고 했는데 성경이 나를 깨닫게 했다.

'아! 내가 성경을 먹는 게 아니라 성경이 날 먹는 것이고, 내가 성경을 이해하는 게 아니라 성경이 날 이해시키고 있구나!'

성경에 담긴 하나님의 마음을 눈치 채고, 그 마음이 내게 들어와 내 마음이 되는 게 바로 성경통독의 진수다.

> 너는 마음을 다하고 뜻을 다하고 힘을 다하여
> 네 하나님 여호와를 사랑하라
> 오늘 내가 네게 명하는 이 말씀을
> 너는 마음에 새기고
>
> 신 6:5,6

이는 결국 사람의 마음이 하나님의 마음으로 바뀌는 걸 말한다. 성경을 많이 읽고 암송하는 게 곧 말씀을 마음판에 새기는 것이다. 우리의 마음판을 바꾸는 작업은 예수 그리스도의 심장을 이식하는 수술과 같다.

왜 하나님께서 돌판에 새긴 언약에서 마음판에 새긴 새 언약으로 바꾸셨을까? 말씀이 내 안에서 주인 노릇을 하게 되어 예수 그리스도의 심장으로 살게 하시려는 것이다. 성경통독을 통해 하나님의 마음이 내 마음이 되어 산제사와 새 계명으로 사람을 사랑하고 세상을 축복하며 살게 된다.

루터가 1517년 종교개혁을 한 지 약 500여 년이 지났다. 당시에는 성경을 아무나 읽을 수 없었다. 루터는 성경을 읽으면서 "성경은 성경으로 해석해야 한다"라는 대명제를 발견했고, 당시 면죄부를 팔던 로마 교황청에 대항했다.

그는 믿음으로 의롭다 함을 받는다는 '이신칭의'(以信稱義)를 말했다. 이 종교개혁은 성경통독을 통해 하나님의 일하심을 발견한 혁명적 사건이었다. 구약성경의 열왕기하에는 남유다의 요시야 왕이 성전에서 발견된 율법서를 읽고 종교개혁을 일으킨 사건이 나온다.

성경통독은 새로운 패러다임의 종교개혁으로, 세계선교를 할 수 있는 하나님의 방법이다. 루터의 종교개혁이 믿음으로 얻는 구원이라면, 성경통독을 통한 새로운 종교개혁은 믿음으로 사는 것이다. 말씀이 왕 노릇 하는, 예수 그리스도가 주인 되시는 종교개혁이 일어나서 열방이 복받게 되는 날이 오기를 소망한다.

성경의 원주민으로
살기

하늘에 사는 이들을 '하늘의 원주민'이라고 한다면 세상에 사는 이들을 '세상의 원주민', 성경에 사는 이들을 '성경의 원주민'이라고 부를 수 있을 것이다. 세상의 원주민은 세상 기준으로 살며, 성경의 원주민은 성경을 기준으로 삼아 성경의 사람들처럼 믿음으로 산다.

나는 세상을 구원하시기 위해 오신 예수 그리스도를 하늘의 원주민이라고 부른다. 그분은 이 세상에 오심으로써 땅의 일을 하며 살던 우리, 즉 세상의 원주민을 구원하셨다. 그리고 하나님의 일을 하는 성경의 원주민으로 살게 하셨다.

그러므로 구원받은 세상의 원주민은 성경의 원주민이 되어 성경 말씀대로 살면서 주님과 거하게 된다. 세상에서 나그네인 성경의 원주민들은 예수 그리스도를 주인으로 모시고 사람을 사랑하며 세상을 축복하는 성경의 문화를 보여주어야 한다.

성경공부 vs 성경읽기

성경이 기준 되는 삶을 살기 위해서는 무엇보다도 하나님께서 성경을 통해 말씀하시는 걸 알고, 그 말씀대로 살아야 한다. 그러기 위해 대부분의 사람들이 성경을 공부하기 시작한다. 그러나 성경에서 뭔가 찾고 고민은 해도 성경 속으로 들어가 그들처럼 사는 건 힘들어 한다.

성경을 공부하는 만큼 성경을 읽는 사람은 상대적으로 많지 않은 것 같다. 그러나 성경을 읽는 게 기본이 되고 생활화가 되면 성령님이 우리의 스승이 되셔서 깨닫게 하시고 믿게 하신다. 그러면 성경의 내용이 자연스럽게 깨달아지고 삶의 현장에서 말씀대로 살 수 있게 된다.

마태복음에 등장하는 동방박사들은 별을 연구하다가, 누가복음의 목자들은 양 떼를 돌보다가 예수 그리스도를 만났다. 동방박사와 목자는 각각 다른 방법으로 그분을 만났는데, 어떤 방법이 더 은혜롭다고 할 수 있을까? 마찬가지로 성경을 공부하다가 진리를 알게 될 수도 있고, 성경을 읽다가 하나님의 은혜로 진리가 깨달아질 수도 있다.

그런데 성경을 아무리 많이 공부해도 정작 성경 속으로 들어가면 잘 모르거나 성경의 미로에서 헤매는 이상한 현상을 종종 본다. 이런 현상은 지식으로 배운 성경 말씀이 현실 세계에서는 실현되지 않기 때문에 나타난다.

그렇다면 성경을 읽기만 해도 말씀대로 살 수 있는 길이 열린다면 한번 도전해볼 만하지 않은가! 성경처럼 재미있고 흥미진진한 책도 없다. 그런데 사람들은 성경을 어렵게 여기며 잘 믿지도 않는다. 성경은 하늘의 이야기라서 사람이 공부한다고 해서 쉽게 알아지고 믿어지는 게 아니다. 그렇기 때문에 전적인 하나님의 은혜가 필요하다.

나는 호주에 머물며 그곳 학생들과 한국 학생들의 수학 실력에 대해 알게 되었다. 십대가 되기 전에 호주로 이민을 가거나 유학 간 한국 학생들은 수학을 정말 잘했다. 구구단도 못 외우는 또래의 호주 학생들을 보면서 으스대기도 했다. 그러나 구구단을 외우던 실력이 고등학교 졸업 때까지 이어지는 한국 학생들도 있지만 대부분은 도중에 포기한다고 들었다. 처음에는 꽤 실력이 좋은데 고등학교 2,3학년쯤 되면 판도가 완전히 바뀐다고 했다.

고등학교 3학년생들 중에 수학 성적이 우수한 이들은 대부분 호주 학생들이다. 그들은 무섭게 한국 학생들을 따라잡아서 결국 대부분이 상위 그룹을 차지하게 된다고 했다. 도대체 이유가 뭘까? 이는 한국식 수학 교육법과 호주식 수학 교육법의 차이 때문이다.

한국에서는 더하기, 빼기, 곱하기, 나누기 등 하나의 방법을 배우면 그다음 단계로 바로 넘어간다. 이렇게 계속 넘어가기만 하고 이전 단계의 반복학습이 거의 없다. 그러나 호주에서는 1학년은 더하기, 2학년은 더하기와 빼기, 3학년은 더하기와 빼기와 곱하기, 4학년은 더하기와 빼기와 곱하기와 나누기, 5학년은 더하기와 빼기와 곱하기와 나누기와 분수를 배운다.

학년이 올라갈 때마다 이전 단계 내용을 계속 반복시키는 학습을 한다. 그래서 구구단을 외우지 못해 기초 연산은 느리지만 수학의 원리를 깨달아 어려운 문제를 풀 수 있는 실력을 갖게 되는 것이다.

성경공부와 성경읽기가 꼭 이와 같다. 성경공부는 구구단으로 수학 문제를 푸는 것과 같고, 성경읽기는 손가락으로 계산해서 수학 문제를 푸는 것과 같다. 결과는 대조적인 현상으로 나타난다.

처음부터 성경읽기를 시작한 사람과 성경공부를 시작한 사람을 살펴보면 어느 정도 시간이 지날 때까지는 성경을 읽기만 한 사람보다 성경을 공부한 사람의 실력이 좋다. 그런데 나중에는 성경을 읽기만 한 사람의 실력이 훨씬 좋아진다.

한국 학교의 수학 교육처럼 한국 교회의 성경공부는 상당히 수준급이다. 그런데 이론과 실제가 다른 것처럼 아는 만큼 실제로 사는 게 쉽지 않다. 성경공부에 비하면 성경읽기가 속도도 느리고 얻는 지식도 별로 없는 것 같이 여겨진다. 그러나 성경을 읽을수록 수학의 원리를 터득하듯이 점차 성경의 원리를 알게 된다. 그러면 지식은 부족할지 몰라도 실제적인 믿음과 그 믿음으로 사는 에너지가 생긴다.

보물을 찾기 위한
지도

성경은 창세기부터 요한계시록까지 "예수 그리스도를 믿고 그 믿음으로 살라"라는 정확한 초점을 가지고 기록되어 있다. 미로 속에 사는 사람은 미로가 전혀 복잡하지 않고, 정글에서 사는 사람은 정글이 전혀 복잡하지 않다. 성경 속에 사는 사람도 성경이 전혀 복잡하게 느껴지지 않을 것이다.

그런데 미로 밖에서 길을 찾으려 하고, 정글 밖에서 정글을 살피고, 성경 밖에서 성경을 연구하려 하기에 힘들고 어렵게 느낀다. 지식만 가지고는 살아갈 힘을 얻을 수 없다. 그러므로 성경을 연구하고 공부하는 목적은 성경 지식을 얻기 위함이 아니라 예수 그리스도를 믿기 위한 게 되어야 한다.

1986년에 개봉한 리처드 도너 감독의 〈구니스〉란 영화는 은행에 저당 잡힌 한 철거 지역 아이들이 겪는 모험 이야기다. 어느 날, 동네 아이들이 지도 한 장을 발견한다. 그것은 17세기 중엽에 영국 해군과 싸우다 패하여 해저 동굴에 숨어들어간 애꾸눈 윌리가 보물을 숨겨 둔 장소를 표시한 거였다.

아이들은 모험을 시작하고 마침내 보물을 손에 넣게 되지만 악당들에게 잡히고 만다. 그러나 손에 들었던 금은보화를 내동댕이치고 탈출하면서도 우연히 들고 나온 한 자루의 보물로 인해 철거될 동네를 구하게 되고, 마침내 이들의 모험이 보석처럼 빛을 발하게 된다.

성경이 보물 지도라고 한다면 예수 그리스도는 보물이다. 보물 지도를 연구하는 목적은 보물을 찾기 위해서이다. 그러므로 우리는 성경을 통해 지혜와 지식의 모든 보화가 감추어진 예수 그리스도를 만나고 믿어야 한다. 영생(永生)이신 그분을 만나고 믿기 위해서는 먼저 그분의 말씀을 들어야 한다.

믿음은 들음에서 나고, 들음은 그리스도의 말씀이기 때문이다. 세상에서 주님과 함께 사는 성경의 원주민은 성경읽기를 통해 '성경의 숲'을 산책하며 그 안의 사람들처럼 믿음으로 살 수 있다.

동굴(카타콤)의 원주민

지나온 기독교 역사를 보면 기독교인들이 묘지에 숨어 살아야 했던 험난한 시대가 있다. 박해와 죽음을 피해 죽은 자들과 함께 지냈던 그들의 삶터는 '낮은 지대의 모퉁이'라는 뜻의 '카타콤'이었다. 그곳은 초기 기독교 순교자들의 묘지가 있는 좁은 지하 미로였다.

지하 10~15미터의 깊이에 폭이 1미터 미만, 높이가 2미터 정도의 통행로를 종횡으로 뚫고 계단을 만들어 여러 층이 이어져 있었다. 이곳은 로마 제국의 박해 때 기독교인들의 피난처 겸 예배 장소로 이용되었다고 한다. 그들은 심한 박해와 죽음의 위협 속에 있지만 카타콤의 미로 같은 지하 동굴에서만큼은 그 누구보다도 자유로웠다.

로마 정부와 로마 군사들은 이곳에 숨어 살던 초기 기독교인들을 잡을 수가 없었다. 기독교인들에게 그곳은 박해를 피하고 죽음을 피하는 생명의 미로였지만, 그들을 잡으려 했던 로마 군인에게는 한번 들어가면 다시 나올 수 없는 죽음의 미로였다.

나는 그들을 '카타콤의 원주민'이라고 부르고 싶다. 성경 속에서 성경의 원주민으로 살지 않으면 성경이 미로처럼 보이고 어려운 성경 공부에 빠져 헤매게 된다.

정글(밀림)의 원주민

1964년 베트남 전쟁에 참여하며 연합군의 주축이 된 미국은 월등한 무기와 강력한 군사력으로 10여 년 동안 전쟁을 끌었지만 휴전으로 마무리 지었다. 그러나 미군 철수 후 월맹군에 사이공이 함락되면서 결국 미국이 패하고 말았다. 물론 여러 가지 이유가 있겠지만 그중에서도 '호치민 루트'라는 땅굴을 통해 공격하는 그들의 전술과 정글이라는 지형과 기후가 주된 원인이 된 듯하다.

정글을 삶의 터전으로 삼았던 베트남인들은 그곳에서 누구보다 자유로웠다. 그러나 정글을 연구하고 공부한 미군에게는 죽음의 장소였다. 나는 그들을 '정글의 원주민'이라고 부르고 싶다.

미국이 정글을 없애기 위해 고엽제를 뿌려댔지만 정글이 없어지지 않았던 것처럼 아무리 성경을 연구해도 눈에 덮인 율법의 비늘이 벗겨지지 않으면 예수 그리스도가 보이지 않는다. 또한 성경의 원주민으로 살지 않으면 진리를 찾지 못한 채 성경의 정글에서 헤매게 된다.

성경(하늘)의 원주민

대부분의 사람들이 자기가 사는 동네의 지도를 보면서 공부하지는 않는다. 동네에서 살다보면 자연스럽게 골목길들과 건물들을 기억하게 된다. 물론 이사를 하는 경우에는 미리 동네의 지도를 보기도 한다. 미리 살펴보고 기억해두는 것이다.

이 두 가지 경우가 놀면서 자연스럽게 익히는 방법과 암기하듯 공부하는 방법이라고 할 수 있다. 이사 가서 살기 위해 공부한 경우에는 실제로 살아야 한다. 그 동네에서 잘 적응해 살기 위해 지도를 살펴보고 파악한 것이기에 그곳 사람들과 더불어 실제로 경험하며 사는 게 더 중요하다.

성경의 원주민이 되어 산다는 건 성경을 삶의 터전이요 놀이터로 삼아 성경의 원저자인 주님과 함께 사는 것이다. 우리가 공부하는 것보다 믿는 것에 우선순위를 두면 성경의 내용도 자연스럽게 알게 된다. 그러므로 성경은 공부하는 게 아니고 믿는 것이다. 그럼에도 성경을 공부하는 것은 성경에서 말하는 그리스도를 믿기 위함이다.

성경에서 설명하는 예수 그리스도는 성별, 인종과 계층, 민족의 범위와 나라의 경계를 넘어 천성에 십자가 다리를 놓는 분이다. 그분이 가신 십자가의 좁은 길을 따라가는 게 이 세상에서 성경의 원주민으로 사는 것이다.

성경 속으로
들어가라

우리가 정말 하나님의 자녀라면 더 이상 이론 공부만 하거나 부흥 세미나만 쫓아다니거나 다른 사람들이 경험한 하나님에 대해서만 들으며 살 수 없다. 하나님에 대해 말하는 책에 시간을 투자하는 것보다는 성경으로 돌아가야 한다.

생명을 무가치하게 낭비하지 않는 인생으로 살기 위해서는 아직 힘이 남아 있을 때 위대한 것들을 위해 지음 받은 하나님의 자녀로 살아야 한다. 왜냐하면 하나님의 자녀는 이 세상 어떤 것으로도 만족을 얻지 못하기 때문이다. 성경을 놀이터 삼아 성경을 기준으로 사는 성경의 원주민으로 살아가야 가장 가치 있는 존재임을 증명하는 것이다.

성경의 원주민으로 살기 위해서는 무조건 먼저 성경을 읽어라. 성경을 읽으면 성경 속에서 살게 되고, 성경이 전혀 복잡하지 않음을 알게 된다. 또한 성경이 성경을 풀어줌으로써 진리가 정말 진리 되는 걸 보게 된다. 성경이 평면적 지식에서 입체적 진리로 전환되는 걸 느낀다. 성경을 읽으면 하나님 마음의 눈이 열려 모든 말씀이 예수 그리스도에 초점을 맞추고 있다는 걸 알게 된다.

그리고 예수 그리스도를 설명하는 복음을 믿고 하나님께 순종하는 삶을 살게 된다. 성경의 원주민은 성경 속 그리스도의 비밀 이야기를 세상으로 가지고 와서 사람을 사랑하고 세상을 축복하며 사는 이들이다. 하늘의 원주민이신 예수 그리스도가 하늘의 비밀을 가지고 세상에 오신 것처럼.

1000 999 998 997 996 995 994 993 992 991
990 989 988 987 986 985 984 983 982 981
980 979 978 977 976 975 974 973 972 971
970 969 968 967 966 965 964 963 962 961
960 959 958 957 956 955 954 953 952 951 950 949
948 947 946 945 944 943 942 941 940 939 938 937
936 935 934 933 932 931 930 929 928 927 926 925
924 923 922 921 920 919 918 917 916 915 914 913
912 911 910 909 908 907 906 905 904 903 902 901
900 899 898 897 896 895 894 893 892 891 890 889
888 887 886 885 884 883 882 881 880 879 878 877
876 875 874 873 872 871 870 869 868 867 866 865
864 863 862 861 860 859 858 857 856 855 854 853
852 851 850 849 848 847 846 845 844 843 842 841
840 839 838 837 836 835 834 833 832 831 830 829

통독의 원리

진리에
초점을 두라

성령이 조명해주시는 쪽에 초점을 맞추고 성경을 읽어야 성경을 읽는 목적을 깨닫게 된다. 성경을 읽을 때 이해가 안 되는 부분을 주석이나 참고 서적에 의지하다보면 성령이 말씀하시는 초점을 놓칠 수 있다. 하나님께서 성경을 성령의 감동으로 쓰신 목적은 그분의 계획을 세상 사람들에게 알리기 위해서이다. 그 계획을 알기 위해 먼저 성경을 읽어야 한다.

성경은 어떤 특정인에게 일방적으로 성경의 한 부분을 들려주기 위해서가 아니라 모든 사람들에게 읽히기 위해 쓰인 것이다. 다시 말해서 하나님께서 사람에게 성경을 읽게 하기 위해 기록하신 것이다. 이제 사람들은 성경을 읽기만 하면 그분의 계획과 뜻과 마음을 알 수 있다. 그런데 세상의 소설이나 무협지 등은 마음만 먹으면 하루 동안에도 다 읽을 수 있는데, 성경은 무협지와 비슷한 내용이 상당히 많은데도 쉽게 읽히지 않는다. 왜냐하면 소설이나 무협지처럼 읽으면 안 되기 때문이다. 성경을 정확하게 알고 하나님의 마음을 느끼는 가장 좋은 방법이 있다. 바로 성경을 쓴 저자에게 직접 물어보고 그 의도를 아는 것이다.

곧 계시로 내게 비밀을 알게 하신 것은
내가 먼저 간단히 기록함과 같으니
그것을 읽으면 내가 그리스도의 비밀을 깨달은 것을
너희가 알 수 있으리라

엡 3:3,4

성경은 만세와 만대로부터 옴으로 감추어졌던 하나님의 비밀인 그리스도를 전하고 드러내고 알게 하는 책이다. 성경을 읽는 건 성경학자가 되기 위함이 아니고, 성경을 통해 하나님의 비밀을 발견하기 위한 것이다.

하나님께서 성경을 주시고 읽게끔 하셨기에, 우리는 성경을 읽는 것만으로 충분하다. 문제는 우리가 충분할 정도로 성경을 읽지 않는다는 것이다. 성령님이 스승이 되셔서 가르쳐주시는 초점으로 읽으면 그때부터 진리를 관통하는 성경읽기가 시작된다.

나는 개인적으로 성경공부와는 차원이 다른 깨달음을 체험했다. 어느 날, 하나님께서 성경을 하루에 한 번 읽고 싶은 마음을 주셨다.

그때부터 수년 동안 하루에 10시간씩 성경을 읽었다. 무슨 뜻인지 잘 몰랐지만 성경을 읽는 게 너무 재미있었다. 시간이 지날수록 성령의 도우심으로 성경이 쉽게 알아지기 시작했다. 이전에 대학생 선교단체의 간사로, 또 교회의 목사로 열심히 했던 성경공부와는 전혀 다른 거였다.

아이는 공부해서 말을 하는 게 아니다. 어떤 나라의 언어라도 그렇다. 한국 사람은 어렵게 생각하지만 영어권에서 태어나 자란 아이는 몇 년 지나면 영어로 말하기 시작한다. 성경의 신학적 지식은 공부해서 알게 되는 것도 있지만 공부하지 않고 읽기만 해도 알아지는 게 있다는 사실을 경험했다.

나는 하나님의 은혜로 구원받고 기쁘게 신앙생활을 했다. 교회와 선교기관에서 성경공부와 제자훈련을 받으면서 성경을 알아가는 게 참 행복했다. 그러나 그렇게 알게 된 성경 지식은 그리스도의 장성한 분량의 '진리'에는 이르게 하지 못하는 것 같았다.

마치 사과를 먹어본 적이 없는 사람에게 사과 맛에 대한 가르침을 받은 것처럼 맛있는 신앙생활이 아닌 싱거운 신앙생활을 했다고 할 수 있다. 사과는 먹어보지도 않고 그 맛에 대해 가르침 받은 사람이 다른 사람에게 그 맛에 대해 다시 훈련하는 건 생명력이 없음을 알게 되었다.

사과를 맛본 사람과 맛보지 않고 그에 대해 알기만 하는 사람의 차이는 느낌으로도 알 수 있다. 두 사람 모두 사과에 대한 지식은 동일하지만 느낌과 감격은 분명히 다르다. 사과를 먹어본 사람은 사과를 생각만 해도 침이 고이고 먹고 싶은 마음이 든다. 그러나 사과에 대해 알기만 하는 사람은 아무리 사과에 대해 말해도 군침이 흐르지 않는다.

진리이신 예수 그리스도를 맛본 사람들은 그분의 이름만 들어도 눈물이 고이고, 마음에 감격과 감동이 있다. 어떤 음식을 먹고 맛있으면 또 먹고 싶은 마음이 생기는 것처럼 구원의 감격으로 예수님을 만난 후에는 그분을 또 만나고 싶은 마음이 생기고, 진리이신 말씀을 계속 먹고 싶어진다. 그리고 점진적으로 그분의 뜻을 알게 되면서 성경의 진리를 관통하게 된다.

성경에는 66권 전체가 말하는 진리가 있고, 각 권이 말하는 진리가 있다. 그러므로 성경은 지식을 전달하는 게 목적이 아니라 진리를 깨닫게 하고, 그것으로 살게 하려는 게 목적이기에 성경을 읽을 때 진리에 초점을 두고 읽어야 한다.

복음을
관통하라

성경을 읽고 그 내용만 지식으로 채우는 것에는 생명력이 없다. 또한 성경이 말씀하시는 내용의 진리가 없는 말뿐인 복음은 지지력이 약하다. '정확한 복음'이 '정확한 성경'의 내용으로, 복음은 성경의 중심 내용을 관통하는 능력이 있다.

구약성경을 공부할 때는 구약에서 말씀하시는 복음을 잘 몰랐다. 그러나 읽을 때는 성경을 읽게 하신 하나님께서 복음이 보이게 하셨다. 그래서 구약성경을 복음으로 볼 수 있는 눈이 생겼다.

로마서에는 "할례자도 믿음으로 또는 무할례자도 믿음으로 의롭게 된다"는 말씀이 있다. 또한 "표면적 유대인이 유대인이 아니고 표면적 육신의 할례가 할례가 아니며 오직 이면적 유대인이 유대인이고 할례는 마음에 해야 된다"고 말씀하고 있다. 이와 동일한 말씀이 이미 구약에 있었다.

네 하나님 여호와께서

네 마음과 네 자손의 마음에 할례를 베푸사

너로 마음을 다하며 뜻을 다하여

네 하나님 여호와를 사랑하게 하사

너로 생명을 얻게 하실 것이며

신 30:6

예레미야를 통해서는 회개하고 돌아오라는 말씀을 "스스로 할례를 행하여 너희 마음 가죽을 베고"라고 표현하신다(렘 4:4). 또 성경은 지식을 알아 의에 이르는 게 아니라 "마음으로 믿어 의에 이른다"고 하신다(롬 10:10). 이처럼 말씀통독은 신구약을 복음으로 관통해 성경을 보는 눈이 열리게 한다.

물속에서 자유롭게 해주는 것이 수영이듯이 성경 안에서 우리에게 자유를 주는 게 복음이다. 아무리 오랜 시간 수영복을 입고 수영장에 다녀도 수영을 못하면 물속에서 자유할 수 없듯이 오랜 시간 교인의 모습으로 교회에 다녀도 복음을 모르면 세상과 성경에서 자유할 수 없다. 즉 수영을 잘하는지는 물속에 들어가 보면 알 수 있고, 복음은 살아보면 알 수 있다. 수영도 못하면서 물에 들어가면 물에 빠지고, 복음 없이 세상에 들어가 살면 세상에 빠진다.

말씀통독은 복음의 진리를 관통할 수 있는 프로그램이다. 말씀의 홍수시대에 깊은 진리의 수원지(水源池)에서 직접 퍼 날라 먹는 방법이다. 그것을 충분히 느낄 수 있는 까닭은 복음이신 그리스도가 삶의 현장에서 복음으로 나타나기 때문이다. 또한 말씀통독을 통해 그리스도를 발견하고, 삶의 현장에서 하나님의 영광으로 사는 게 복음을 관통하는 생활이다.

성경 원주민의
통독 원리

성경통독의 원리에 대해 더 자세히 알아보자. 성경은 똑같은 내용이라도 지난해에 읽을 때와 올해 다시 읽을 때가 분명히 다르다. 자식이 부모의 마음을 전혀 모르다가 결혼하고 부모가 된 후에 이해하게 되는 건 살아온 인생의 시간만큼 느끼는 깊이와 넓이가 다르기 때문이다.

성경도 함께한 시간만큼 하나님의 마음을 더 깊이 읽게 되고, 그분의 마음속으로 더 깊이 들어가는 묵상이 된다. 읽은 후에 생각하는 묵상 이전에 '성경읽기' 자체가 이미 묵상이 될 수 있다는 말이다.

앞에서 성경통독을 하다보면 사람이 성경을 읽는 게 아니라 성경에게 사람이 읽혀지는 과정으로 점차 전환된다고 말했다. 말씀을 깊이 묵상하는 깨달음 또한 스스로 깨달으려는 노력이 아니라 성령에 의해 깨달아지는 은혜가 임하는 것이다. 일반적으로 성경통독을 통해 관찰과 묵상을 하다보면 자연스럽게 적용에 이른다.

만약 사람의 의지와 배짱으로 말씀을 적용할 수 있다면 의지와 배짱이 좋은 사람이 말씀 적용을 잘하고, 의지가 약한 사람은 못해야 할 것이다. 또 지식이 많은 사람이 부족한 사람보다 관찰한 말씀을 더 깊이 묵상하고 적용을 잘해야 할 것이다.

그런데 상대적으로 지식이 부족하고 의지와 배짱이 약한 사람들이 말씀대로 잘 산다면 그것은 맹목적인 신앙이라기보다는 믿음이라고 말해야 할 것이다.

그러므로 말씀 적용은 의지나 배짱이나 성경 지식으로 하는 게 아니라 믿음에서 나오는 순종으로 하는 것이다. 순종하는 믿음이 생기면 점진적으로 지식이 들어오고 목숨까지 내어놓을 수 있는 의지가 생겨서 전인격적인 적용을 하기에 이른다. 결국 적용을 만들어내는 믿음은 그리스도의 말씀을 통독하는 데서 시작된다.

성경통독을 반복적으로 하면 깊은 묵상의 경지에 도달하게 되고, 통독 자체가 적용되는 순종을 만들어내기 때문에 적용도 성경통독에서 판가름이 난다. 그래서 성경 전체를 반복적으로 통독하면 결국 묵상과 적용에까지 이르게 되는 것이다. '시작이 반이다'라는 말처럼 통독을 시작하면 삶의 현장에서 말씀대로 살게 되는 복까지 누리게 된다.

> 사람이 떡으로만 살 것이 아니요
> 하나님의 입으로부터 나오는 모든 말씀으로 살 것이라
>
> 마 4:4

성경통독의 기본 원리는 성경을 기준으로 사는 성경의 원주민이 되는 것이다. 사람을 사랑하고 세상을 축복하는 삶을 살기 위해 주야로 말씀을 통독하는 삶이다.

뉴질랜드에 가서 30여 명의 선교사들과 함께 영어 성경을 읽을 때였다. 그들 중 몇몇은 영어로 성경읽기를 매우 힘들어 했다. 그래서 내가 한 일화를 들려주었다.

가나안 농군학교 설립자이신 김용기 장로님이 하루는 아들에게 트럼펫을 사오라고 했다. 그리고 새벽마다 기상나팔을 불라고 했다. 그러자 아들이 말했다.

"트럼펫을 한 번도 불어본 적이 없는데 어떻게 불 수 있나요?"

그러자 김 장로님이 말했다.

"아니, 트럼펫을 만든 사람도 있는데 왜 못 부냐?"

그때 이 이야기가 사람들에게 큰 도전이 되었다. 영어를 만든 사람도 있는데 영어 성경을 읽기만 하는 게 그리 어려운 일은 아닐 거라고 말이다. 그런데 영어 성경을 읽는 게 아니라 한국어 성경을 읽는 것도 힘들어하는 사람들이 많다. 성경을 기록한 사람도 있는데 성경을 읽기만 하는 게 그리 어려운 일일까?

말씀을 담아라

신명기를 보면 하나님께서 이스라엘 백성을 낮추시고 주리게 하시며 또 그들이 알지 못하던 만나를 먹이시는 모습이 나온다. 사람이 떡으로만 사는 게 아니고, 하나님의 입에서 나오는 모든 말씀으로 사는 줄을 알게 하기 위해서였다. 또 이스라엘 백성을 출애굽시키신 이후 40년 광야생활 동안 의복이 해어지지 않고, 신발도 닳지 않게 하셨다. 또한 농사를 짓지 않고 만나와 메추라기를 먹게 하셨다.

그런데 예수님은 요한복음에서 이스라엘 백성이 광야 40년 동안 만나를 먹었어도 죽었다고 말씀하시며 자기 자신이 하늘에서 내려온 "살아 있는 떡"이니 사람이 이 떡을 먹어야 영생한다고 하셨다(요 6:51). 그러므로 사람이 영원히 살기 위해서는 예수 그리스도를 먹어야 한다. 이것은 하나님의 진리의 말씀을 듣고 믿는 거라고 말할 수 있다. 말씀이신 예수님을 믿고, 그 말씀을 계속 먹는 건 말씀이신 그분을 주인으로 섬기고 말씀대로 살기 위해서이다.

사람들은 거의 매일 밥을 먹는다. 이것은 밥통에 있는 밥을 옮겨 담는 작업이다. 밥을 사람의 몸에 옮겨 담기만 해도 그 영양소가 피가 되고 살이 되어 살아가기에 충분한 에너지가 된다. 하물며 하나님의 말씀은 어떠하겠는가! 말씀을 마음판에 새기거나 옮겨 담기만 해도 축복이다. 말씀을 내 안에 옮겨 담는 작업이 바로 통독이다.

성경통독을 통해 사람에게 담겨진 하나님의 말씀이 예수 에너지가 되어 능력으로 나타날 것이다. 그리스도인은 반드시 말씀을 먹어야 살 수 있다.

말씀을 품어라

닭이 알을 낳고, 그 알을 품으면 병아리가 나온다. 그리고 병아리가 자라면 닭이 된다. 또한 소에서 나온 송아지가 자라면 소가 되고, 말에서 나온 망아지가 자라면 말이 되고, 개에서 나온 강아지가 자라면 개가 된다.

그런데 태어난 지 얼마 안 되어 말도 못하고 낑낑거리며 기어다니는 아기를 보면, 강아지와 비슷하지만 성장한 후에는 강아지를 갖고 노는 만물의 영장이 된다. 세상을 다스리는 사람을 낳는 존재가 되는 것이다.

하나님께서 사람을 사랑으로 품으시면 하나님의 자녀가 태어난다(요일 3:1). 그리고 그분이 "내가 너를 낳았다"라고 말씀하신다. 그런데 하나님의 자녀 된 성도가 하나님을 품으면 어떤 일이 생길까? 성도가 하나님을 품는다는 말은 죽기까지 하나님께 순종하신 그리스도의 마음을 품는다는 뜻이다.

또한 그것은 하나님의 말씀을 품는 것과 같다. 그러므로 성도가 그리스도의 마음으로 하나님의 말씀을 품으면 하나님의 성품과 그리스도의 모습이 나온다.

닭이 알을 품어 병아리를 낳고, 하나님께서 사랑으로 사람을 품어 하나님의 자녀를 출생시키시듯 하나님의 자녀인 성도가 하나님의 말씀을 품으면 그분의 성품이 나온다. 즉 그리스도처럼 말하고, 생각하고 행동하는 새 계명의 사랑이 흘러나온다.

통독을 생활화하라

중독이 지배하는 오늘날, 사람들 중에는 술과 담배와 게임에 종노릇하는 이들이 많다. 세상 문화에 중독된 사람들과 달리 예수의 사람들은 하나님의 말씀에 중독되어 말씀을 주인 삼아 살아간다.

오랫동안 글을 써온 한 사람이 있었다. 그는 글을 쓰기 위해 하루에 담배를 세 갑이나 피웠다. 그러던 중 건강이 나빠져서 담배를 끊으려 했지만 중독되어 끊을 수가 없었다. 그는 스스로에게 "내가 글을 쓰기 위해 담배를 피웠지, 담배를 피우기 위해 글을 쓴 것인가"라는 질문을 던졌다고 한다.

사람이 담배를 피우는 게 아니라 담배가 사람에게 피우게 한다면 그것의 종노릇하는 것이다. 사람이 세상에서 사는 게 아니라 세상이 사람을 살게 하면 세상의 종노릇하는 것이다. 세상에 중독되어 그것을 주인 삼아 피조물에 종노릇하지 말자. 예수에 중독되어 말씀과 창조주를 주인 삼아 세상에서 왕 노릇 하는 인생이 되기 위해 우리는 말씀을 읽어야 한다.

내가 한참 성경에 중독되어 성경을 주야로 읽고 있을 때였다. 어느 주일에 웃지 못할 사건이 벌어졌다. 주일 오전 예배 때 설교를 하고 예배를 마친 후에 교인들과 애찬을 나누고는 오후 찬양예배도 잊어버리고 집에 가서 성경을 읽었다. 게임에 중독된 자가 시간만 나면 게임을 하듯이 성경에 중독된 사람은 시간만 나면 성경을 읽게 된다.

매일 밥 먹듯이 성경을 읽으니 잠잘 시간이 되어 눈이 피곤하여 새빨갛게 되어도 조금만 더 읽고 싶은 마음이 든다. 그렇게 성경을 읽는 중간에 예배드리고, 심방을 가고, 밥을 먹고, 기도하고, 전도하고, 설교를 한다. 성경 읽다가 사소한 일들을 처리한다면 말씀을 기준으로 생활하는 말씀의 수종자가 될 것이다.

"하루라도 책을 읽지 않으면 입안에 가시가 돋친다"라는 말이 있다. 이 말에는 "하루라도 책을 읽지 않으면 남을 중상모략하기 쉽다"라는 뜻이 담겨 있다. 매일 성경을 읽으면 성경을 읽지 않을 때보다 남을 더 많이 사랑하고 축복하기가 쉬워진다.

좋은 습관에 중독되면 좋은 결실을 맺고, 나쁜 습관에 중독되면 타락하고 멸망하게 된다. 사람의 삶은 많은 부분이 중독으로 이루어져 있기에 말씀을 주인 삼고 성경을 읽으면 '말씀 중독'이 될 것이다.

말씀통독은 '내가 죽고 예수 그리스도가 사는' 사역이다. 또 하나님께서 차려놓으신 위대한 하늘 식탁의 교제이며, 치유와 회복이 흐르는 치료의 시간이다. 그리고 가장 생산적인 세계선교의 현장이다.

진리가 진리 되게 하는 일이고, 기도 응답을 받고 확인하는 과정이다. 또 산 순교의 시간이고, 자기 의와 생각과 이기적이고 편파적인 지식의 파편들을 빼내는 작업이며, 예수 그리스도가 내 마음에 들어오는 기회이다.

1000 999 998 997 996 995 994 993 992 991
990 989 988 987 986 985 984 983 982 981
980 979 978 977 976 975 974 973 972 971
970 969 968 967 966 965 964 963 962 961
960 959 958 957 956 955 954 953 952 951 950 949
948 947 946 945 944 943 942 941 940 939 938 937
936 935 934 933 932 931 930 929 928 927 926 925
924 923 922 921 920 919 918 917 916 915 914 913
912 911 910 909 908 907 906 905 904 903 902 901
900 899 898 897 896 895 894 893 892 891 890 889
888 887 886 885 884 883 882 881 880 879 878 877
876 875 874 873 872 871 870 869 868 867 866 865
864 863 862 861 860 859 858 857 856 855 854 853
852 851 850 849 848 847 846 845 844 843 842

03

반복적으로 읽어라

예수 에너지의
충전

우리는 성경 말씀을 반복적으로 통독함으로써 예수 그리스도의 에너지를 충전할 수 있다.

이를 위하여
나도 내 속에서 능력으로 역사하시는 이의 역사를 따라
힘을 다하여 수고하노라

골 1:29

하나님의 말씀을 반복해서 읽는 이유는 생명의 빛이 되시는 예수 에너지를 충전하기 위해서이다. 그 충전된 에너지로 세상을 아름답게 만들고 세상을 구원할 수 있다.

> 어두운 데에 빛이 비치라 말씀하셨던 그 하나님께서
> 예수 그리스도의 얼굴에 있는 하나님의 영광을 아는 빛을
> 우리 마음에 비추셨느니라
>
> 고후 4:6

성경읽기는 마음에 하나님을 아는 빛을 공급받는 것이다. 성경의 글자를 읽는 게 아니라 마음을 읽게 되고, 성경의 소리를 듣는 게 아니라 의미를 듣게 되면 강력한 예수 에너지로 전환된다.

통째로 반복하기

예전에 한 기독교 출판사의 편집장을 한 적이 있다. 그때 큐티 월간지를 편집했다. 큰 기대를 갖고 테마식 성경 큐티 시리즈를 준비하여 창세기부터 시작했는데 여러 가지 사정으로 꿈을 접었다. 언젠가 다시 해보겠다는 생각을 가졌지만 목회하는 동안 잊고 있었는데, 성경통독에 집중하면서 그 꿈을 성경통독과 접목시키게 되었다.

주일 오전예배 때 성경을 테마로 삼아 약 50주 동안 성경 66권을 전부 설교했다. 그 후에는 성경을 통권으로 설교하는 방법으로 매주일마다 한 권씩 설교하여 66주에 마치는 새로운 패러다임의 설교를 시도했다. 이런 시도는 성경을 '통째로 읽고 묵상'하는 생활을 하고 있었기에 가능했다.

성경을 통째로 읽으면 성경이 통으로 보이기 시작한다. 창세기에서는 악을 선으로 바꾸시며, 출애굽기에서는 종을 자유인으로 바꾸시며, 레위기에서는 세상 사람을 거룩하고 흠 없는 하나님의 백성으로 바꾸시는 하나님의 마음을 알 수 있었다. 또 민수기에서는 불순종을 순종으로 바꾸시고, 신명기에서는 저주를 축복으로 바꾸시는 그분의 마음을 알게 되었다.

하나님은 여호수아를 통해 가나안 땅을 주셨는데(여호수아서), 이스라엘 백성과 레위인은 하나님의 마음을 알지 못했고, 하나님을 왕으로 섬기지 못했다(사사기). 도리어 이방 모압 여인 룻의 신앙이 하나님의 마음을 기쁘게 해드리고 다윗의 족보에 들어가게 된다(룻기). 또 하나님의 백성이 왕을 원해서 사울 왕을 세워주셨는데 그 왕이 하나님의 마음을 알지 못했기에 왕권을 빼앗기고(사무엘상), 하나님나라의 왕 노릇은 하나님의 마음에 합한 다윗에게 돌아가게 된다(사무엘하).

다윗에게 왕권을 이어받은 솔로몬은 세상에 마음을 빼앗겨 하나님의 마음을 눈치 채지 못하고 이스라엘을 남북으로 분열시켰다. 여전히 하나님의 마음을 알지 못한 북이스라엘의 악한 왕들(열왕기상)과 하나님의 마음을 눈치 챈 남유다 다윗 왕조에서 몇 명의 선한 왕들이 등장한 후, 결국 나라는 멸망하고 백성들은 포로가 된다(열왕기하).

포로시대에는 에스라가 역사를 재조명하여 민족중흥을 위한 비전을 제시하며 다윗에게 초점을 둔 역대상을 기록했고, 역대하는 민족중흥을 위한 비전 제시로 다윗 왕조의 남유다에 초점을 두고 있다.

에스라서에서는 성전 재건과 율법 재건을 통해, 느헤미야서에서는 성벽 재건과 율법을 통한 개혁으로 하나님의 통치가 회복되는 걸 볼 수 있다. 에스더서에서는 '죽으면 죽으리라'는 신앙고백의 결단으로 슬픔이 변하여 기쁨이 되는 걸 볼 수 있다.

신앙인의 체험적 삶의 내용을 다루는 시가서와 욥기는 여러 고난을 이기는 방법이 하나님을 신뢰하는 신앙고백이 되고 비난을 이기는 방법은 축복하는 것임을 보여준다. 시편은 새 노래로 구원을 찬양하고 있고, 잠언은 솔로몬의 지혜서이며, 전도서는 그의 인생론이고, 그의 노래 중 노래인 아가서는 교회에 대한 그리스도의 사랑을 표현하고 있다.

대선지서인 이사야서는 메시아의 구원을 선포하며, 예레미야서와 예레미야애가는 하나님의 마음을 알지 못하고 행한 죄악을 회개하고 돌이키면 70년 포로 생활이 하나님의 찬가로 바뀔 것을 예고한다.

에스겔서는 성전 회복을 통한 영원한 하나님의 통치를 예언하고 있고, 다니엘서는 영원한 하나님나라의 회복을 확증한다. 소선지서는 의인을 믿음으로 살게 하시는 하나님의 마음을 보여준다.

그리고 신약성경의 복음서에는 구약의 예언이 현실로 나타나며, 역사서인 사도행전은 복음으로 인해 변화된 하나님 자녀의 입체적인 모습을 보여준다. 서신서들은 성도 안에 거하는 임마누엘의 평강과 장래 구원의 소망을 알게 하고, 예언서인 요한계시록에는 하나님의 마음을 확실히 알 수 있는 총체적 결론으로 창세전 계획이 종말적 현실로 나타난다.

일반적으로 큐티는 단락으로 끊어서 하고, 설교도 그와 비슷한 형식으로 하는 경우가 대부분이다. 그런데 나는 성경을 통째로 반복해서 읽음으로써 '성경통권 말씀통독의 원리'를 알게 되었다. 이 원리에 의해 통권 큐티를 하면 성경 전체의 초점을 쉽게 알게 되고, 묵상과 적용도 좀 더 정확하고 바르게 할 수 있다. 또한 일반적으로 하는 단락 큐티의 묵상과 성경을 통째로 읽고 하는 묵상은 그 맛과 적용의 힘이 다르다.

소고기 국을 끓일 때 동일한 조건에서 한 냄비에는 소고기 한 근을 덩어리째 넣어 삶고, 다른 냄비에는 잘게 잘라 넣고 삶으면 그 국물 맛이 다르다고 한다. 덩어리째 삶은 국물 맛이 훨씬 더 진하다. 사골국도 사골을 반복적으로 끓이면 끓일수록 진국의 맛을 볼 수 있다.

성경도 통째로 반복적으로 읽으면 깊은 생명의 진리를 맛보게 되고, 그리스도의 생명 에너지로 충전된다. 또한 읽을수록 깊고 깊은 예수 그리스도를 느낄 수 있으며, 그분의 믿음 에너지로 충전된다.

믿음 에너지 키우기

나는 예전에 건강을 위해 줄넘기를 한 적이 있다. 그런데 그리 무겁지도 않은 줄을 돌리는 게 어찌나 힘든지 100번만 해도 팔과 다리가 후들거려서 오래 할 수가 없었다. 그래도 건강을 위해 포기할 수 없어서 매일 조금씩 꾸준히 줄넘기를 했다.

그러던 어느 날, 하루에 100번 하기도 힘들었던 줄넘기를 1000번이나 거뜬히 할 수 있게 되었다. 줄넘기를 계속하면서 몸속의 불순물이 제거되고, 지방 덩어리들이 줄어들며 근력이 생기기 시작한 것이다.

사람의 몸에 붙어 있는 지방을 태우는 데 좋은 게 줄넘기라면 사람에게 붙어 있는 죄와 허물과 불신과 불신앙을 없애는 데 가장 좋은 방법은 성경읽기다. 성경을 반복적으로 읽는 건 줄을 돌리는 것과 같다. 줄넘기가 맥없이 줄만 돌리는 것 같지만 몸의 균형을 잡아주며, 인내하고 줄을 돌리기만 해도 건강 에너지가 공급됨을 차차 느낄 수 있다.

생소한 것일수록 익숙해지기까지 시간이 많이 걸린다. 성경도 생소해서 쉽게 알아지지 않는다. 성경을 읽는 것도 처음에는 통독 횟수만 올리는 것 같지만 실은 영적 균형을 잡아주고 유지시켜 준다. 성경을 계속 읽는 게 쉽지 않지만 인내하고 반복하면 믿음으로 살 수 있는 힘이 공급된다.

가정에서 자녀들에게 성경을 계속 읽히면 구원에 이르는 지혜가 생기고, 최고의 지혜와 능력을 갖게 된다. 그러므로 어떤 음식이 몸에 좋고, 어떤 운동을 어떻게 해야 좋다는 것만 상대적으로 더 많이 가르치면 믿음으로 사는 힘이 약해진다.

　　망령되고 허탄한 신화를 버리고
　　경건에 이르도록 네 자신을 연단하라
　　육체의 연단은 약간의 유익이 있으나
　　경건은 범사에 유익하니

금생과 내생에 약속이 있느니라

딤전 4:7,8

이 말씀처럼 경건에 이르기를 연습해야 한다. 성경통독은 경건에 이르기를 연습하는 데 있어 기본이기 때문에 말씀을 반복적으로 꾸준히 읽는 만큼 경건에 이르는 에너지를 공급받게 된다. 또한 줄넘기를 하루에 1번씩 1000일을 하는 것과 하루에 1000번씩 하는 것이 다르듯이 성경읽기도 그렇다. 에너지가 다르게 충전되기 때문이다. 성경을 매일 반복적으로 읽으면 믿음 에너지가 더 많이 충전된다.

생명 에너지 키우기

대부분의 사람들은 몸에 좋은 음식이 있으면 그 음식을 먹으려고 한다. 몸에 좋다는 음식이 신문이나 방송에 소개되면 그날로 입소문이 나서 사람들 모두 그 음식을 찾는다. 특히 질병에 걸린 사람이나 건강하게 오래 살기를 원하는 사람들은 어떻게든 먹으려고 한다.

하지만 히브리서 기자는 사람들에게 그보다 더 좋은 게 있다고 말하고 있다. 사람들의 영혼 건강에 가장 좋은 것, 바로 예수 그리스도이시다!

사람들은 살아가는 데 필요한 필수 영양분을 음식을 통해 섭취한다. 때로는 그 음식에 어떤 영양소가 있는지 잘 모르고 먹지만, 그래도 그것은 사람의 몸속에서 영양가를 발휘한다. 이와 마찬가지로 하나님의 말씀에 어떤 에너지의 영양분이 있는지는 잘 모르더라도 말씀을 먹기만 하면 그 에너지는 반드시 효력을 발휘한다.

음식을 먹으면 피와 살이 되는 것만 몸에 남고 나머지는 배설된다. 마찬가지로 말씀도 계속 먹으면 영혼의 피와 살이 되시는 예수 그리스도만 남고 나머지는 다 배설된다. 이 말은 생명이신 예수 그리스도의 말씀대로 살지 못한 건 회개하면 배설되듯 없어진다는 뜻이다.

만약 피와 살이 되는 것은 배설하고 영양가 없는 배설물을 몸에 남기면 건강에 이상이 생긴다. 우리가 말씀을 읽을 때도 마찬가지다. 예수 그리스도의 진리는 배설해버리고 영양가가 전혀 없는 것, 즉 남을 판단하고 비판하는 지식의 배설물만 갖고 있으면 영혼의 건강에 이상이 생긴다. 그러므로 음식이든 말씀이든 먹은 후에 남아 있어야 될 것이 있고, 배설해야 할 것이 있다.

갓 태어난 아기들은 본능적으로 젖을 찾아 무조건 먹는다. 또한 어린아이들은 부모가 주는 음식의 영양가를 전혀 모른 채 그저 먹고 배설만 하는 것 같은데 쑥쑥 자란다. 어떤 사람들은 하나님의 말씀을 읽어도 무슨 뜻인지 모르면 남는 게 없다고 생각하여 간혹 성경읽기를 포기하는 경우가 있다. 그러나 절대로 그렇지 않다.

처음부터 성경을 잘 알고 읽는 사람은 거의 없다. 대부분의 사람들이 성경의 영양가를 잘 모르는 상태에서 읽기 시작한다. 하나님의 말씀은 음식 먹듯이 계속 먹어서 어느 정도 충전이 되면 반드시 여러 가지 효력을 발휘한다. 갓 태어난 아기처럼 젖 먹던 힘으로 말씀을 무조건 먹으라. 그러면 하나님께서 자라게 하시고, 무한한 깨달음을 주실 것이다.

예수 그리스도는 자신의 살을 먹지 않고 자신의 피를 마시지 않으면 생명이 없다고 말씀하셨다(요 6:53). 결국 성경을 다 읽어도 예수 그리스도만 충전되고 나머지는 다 배설된다. 그러므로 생명이 되는 예수 그리스도를 먹고, 그분을 남겨야 한다. 환난과 사망의 바람이 부는 세상에서 환난과 사망을 이기는 성령의 법으로 살려면 반복적으로 성경을 먹어야 한다.

말씀 에너지(예수 에너지) 키우기

하나님의 말씀은 이해가 되어야만 믿을 수 있는 게 아니라 이해가 안 되어도 믿을 수 있다. 그것은 지식으로 이해하는 게 아니라 진리로 믿는 것이기 때문이다. 하나님의 은혜로 말씀이 믿어지면 이해하고 믿는 것보다 더 빠르게 깨달아진다.

또한 은혜로 믿음을 주시는 하나님의 말씀은 죄 문제를 해결하고 영혼을 만진다. 그리고 하나님의 말씀은 마음에 기쁨을 주고, 그로 인해 육신의 질병도 고치는 에너지가 생긴다. 마음이 회복되면 영혼이 회복되는 걸 볼 수 있다.

하나님 말씀에는 분명히 치료하는 에너지가 있다. 이렇게 좋은 하나님의 말씀을 듣고도 믿지 못한다면 눈 뜬 장님으로 영적 장애인의 삶을 사는 것과 같다. 즉 하나님의 말씀을 모르면 영적 식물인간이고, 그 말씀대로 살지 않으면 영적 혼수상태라고 할 수 있다.

하나님의 말씀을 읽으면 말씀 에너지가 예수 에너지로 충전되고, 그 에너지가 질병을 치료하기도 하고 다른 사람의 영혼을 살리기도

한다. 줄넘기와 같은 유산소 운동을 하면 사람의 몸에 있는 지방이 없어지고 건강해지듯이 하나님 말씀을 읽는 것은 영적 유산소 운동과 같아서 사람에게 붙어 있는 죄와 허물을 제거하고 영혼을 살리기 위한 좋은 방법이다.

하나님의 말씀대로 살아보겠다는 목적을 갖고 성경 말씀을 읽으면 불순종과 우상이 태워지고, 순종의 사람으로 균형 있게 성장한다. 말씀을 읽으면 읽을수록 성경에서 말씀하는 기준치에 빨리 도달하게 된다. 처음에는 재미도 없고 무슨 말씀인지 잘 모르겠지만 점차 말씀 에너지가 나타나서 하나님의 기준치인 거룩하고 흠 없는 그분의 자녀로 살 수 있게 된다.

> 곧 창세 전에 그리스도 안에서 우리를 택하사
> 우리로 사랑 안에서
> 그 앞에 거룩하고 흠이 없게 하시려고
>
> 엡 1:4

예수 그리스도의 사랑은 공부해서 얻을 수 있는 게 아니다. 그 사랑이 사람에게 들어와야만 예수 사랑으로 살 수 있고, 말씀 에너지로 충전되어야 복음을 전할 에너지와 사랑을 할 수 있는 에너지가 나온다. 흔히 노동자들은 밥을 먹고 밥심으로 일한다고 말한다. 하나님의 자녀들은 말씀을 먹고 예수 에너지로 하나님의 일을 하는 것이다.

만약 교회에서 밥심과 지식의 힘으로 일을 하면 분쟁과 원망과 불평과 비판이 생기기 쉽다. 그러나 하나님의 말씀을 먹고 예수 에너지로 일하면 사랑과 축복과 감사로 모든 일에 연합하여 선을 이루기 쉽다.

포로귀환시대 때 에스라와 느헤미야가 목숨 걸고 기도와 말씀통독을 함으로써 영적 재건을 이루었던 것처럼 하나님의 자녀도 기도와 말씀에 목숨을 걸면 하나님의 기준치인 거룩한 삶을 살게 된다. 통독에 목숨을 걸고 쉬지 않고 읽는다면 세상을 살리고도 남는 말씀 에너지가 예수 에너지로 충전될 것이다.

1000 999 998 997 996 995 994 993 992 991
990 989 988 987 986 985 984 983 982 981
980 979 978 977 976 975 974 973 972 971
970 969 968 967 966 965 964 963 962 961
960 959 958 957 956 955 954 953 952 951 950 949
948 947 946 945 944 943 942 941 940 939 938 937
936 935 934 933 932 931 930 929 928 927 926 925
924 923 922 921 920 919 918 917 916 915 914 913
912 911 910 909 908 907 906 905 904 903 902 901
900 899 898 897 896 895 894 893 892 891 890 889
888 887 886 885 884 883 882 881 880 879 878 877
876 875 874 873 872 871 870 869 868 867 866 865
864 863 862 861 860 859 858 857 856 855 854 853
852 851 850 849 848 847 846 845 844 843 842 841
840 839 838 837 836 835 834 833 832 831 830 829 828

04

단숨에 읽어라

전체를 관통하는
묵상

성경을 단숨에 빠르게 읽으면 성경의 내용과 지식에 빠지지 않고,
성경에서 증언하는 예수 그리스도를 중심으로 묵상할 수 있다.

> 너희가 성경에서 영생을 얻는 줄 생각하고
> 성경을 연구하거니와
> 이 성경이 곧 내게 대하여 증언하는 것이니라
>
> 요 5:39

일반적으로 성경 말씀을 묵상하려면 시간이 필요하고, 깊은 묵상
을 하려면 더 많은 시간이 필요하다고 생각한다. 물론 어떤 부분은

충분한 시간을 두고 깊이 묵상해야 할 필요가 있다. 그런데 성경 전체를 통째로 그리고 반복적으로 단숨에 읽으면서 전체의 초점을 관통하고 묵상하는 방법도 있다. 성경을 단숨에 빨리 읽으면서 어떻게 묵상을 제대로 할 수 있는지 의문을 갖는 사람들이 많이 있다.

빌 게이츠는 《빌 게이츠@생각의 속도》에서 생각의 속도가 빛의 속도보다 빠르다고 말한다. 일반적인 사람의 신경 전달 속도는 초속 100미터이다. 물론 빛의 속도는 상상을 초월할 정도로 빠르다. 빛의 속도로 지구를 돌면 1초에 일곱 바퀴 반을 돌 수 있기 때문이다.

하지만 생각의 속도는 무한대이다. 사람의 생각은 단 1초도 안 되는 사이에 은하계를 볼 수 있다. 빛이 할 수 없는 과거 회상이나 미래 예측도 할 수 있다. 상상의 속도로 지구를 돌면 무한대로 돌 수 있기 때문에 빛의 속도보다 훨씬 빠르다고 하는 것이다.

이론적으로는 아주 빠른 속도로 성경을 단숨에 읽으면서 빛의 속도보다 빠른 생각의 속도로 성경을 묵상할 수 있다. 그러나 대부분의 사람들이 그렇게 성경을 읽는 경우는 아주 드물다. 우리 교회에서는 보통 사람들보다 훨씬 빠른 속도로 성경을 단숨에 읽으면서 묵상을 하고, 그 말씀에 대한 묵상 나눔을 매주 갖는다.

내 경우에는 성경 66권을 5시간 동안 귀로 들으면서 눈으로 본다. 10배속 이상의 속도로 단숨에 읽고 있다. 물론 처음부터 이렇게 된 건 아니다. 시간이 지나면서 점차 빨라지고, 점점 많은 분량의 성경이 통으로 묵상되는 경험을 하게 되었다.

천천히 읽기에 익숙한 사람들은 성경을 단숨에 빨리 읽는 것에 대해 거부감을 가질 수 있다. 꼭 그렇게 읽어야 되는 건 아니지만 조금만 연습하면 누구나 얼마든지 빠른 속도로 읽을 수 있다.

나는 내 경험의 장점을 통해 많은 사람들에게 성경이 성경으로 읽혀지기를 소망할 뿐이다. 단숨에 빠르게 읽으면 처음에는 성경의 글자를 따라 읽기도 바쁘다. 하지만 점차 이미 알고 있고 밑줄 쳐놓은 부분만이 아닌 다른 부분까지 균형 있게 볼 수 있게 된다.

통째로 단숨에 읽어라

성경읽기의 고정관념은 사람이 성경을 읽는 주체라고 생각하는 것이다. 대부분의 사람들이 그렇게 생각하면서 성경을 읽는 것 같다. 나도 그런 생각을 갖고 성경을 통째로 반복해서 단숨에 읽었다. 그러던 어느 날, 하나님께서 깨닫게 해주셨다. 사람이 성경을 읽는 게 아니라 성경이 사람을 읽고 있음을 알게 된 것이다.

성경은 깨달으려고 읽는 사람 쪽에서 깨달아지는 게 아니라, 깨닫게 하시는 쪽에서 성경 읽는 사람을 깨닫게 하셔야 깨달아지는 것이므로 아무리 빨리 읽어도 걱정할 필요가 없다. 성령이 스승 되셔서 빛의 속도보다 빠른 생각의 속도로 성경을 읽는 사람이 깨닫도록 하시기 때문이다. 그러므로 통째로 단숨에 성경을 읽으면서 동시에 묵상을 충분히 할 수 있다.

그런데 이때 놓치지 말아야 할 것은 예수 그리스도의 방향감과 속도감이다. 예수 그리스도께서 새 계명인 사랑의 방향감으로 사셨던 초점을 붙잡고, 그분이 십자가에서 죽으셨던 것처럼 죽었던 산제사의 속도감으로 성경을 읽으면 진리를 관통하는 힘이 나온다.

바울도 이런 방향감과 속도감으로 사역을 감당했던 걸 볼 수 있다. 바울에게는 달려갈 길을 달리며 주께 받은 사명을 가지고 허공을 치지 않는 초점으로 영혼을 사랑하는 방향 감각과 자신의 생명을 조금도 귀한 것으로 여기지 않는 산제사의 속도감이 있었다.

> 내가 달려갈 길과 주 예수께 받은 사명
> 곧 하나님의 은혜의 복음을 증언하는 일을 마치려 함에는
> 나의 생명조차 조금도 귀한 것으로 여기지 아니하노라
>
> 행 20:24

성경도 이런 방향 감각과 속도감을 갖고 읽어나가면 내가 죽고 예수 그리스도가 사시는 방향 감각과 속도감으로 묵상되고 적용된다.

운전할 때 차량의 흐름에 맞춰서 운전하는 것처럼 성경을 읽을 때도 성경 전체에 흐르는 맥과 초점에 맞춰서 읽으면 좋다. 단숨에 빨리 읽는 방법으로 성경 각 권에 대한 맥을 잡을 수 있을 뿐 아니라 성경 전체를 하나의 주제 아래서 보며 맥을 잡을 수도 있다. 성경 전체에 흐르는 맥을 잡으면 성경 전체를 관통할 수 있는 힘이 생긴다.

내가 성경을 10배속 이상으로 빠르게 통독하면서 경험한 것 중 하나는 신약성경을 100독쯤 했을 때 마가복음이 마치 스스로 '나는 이런 내용이고 이런 책입니다'라고 설명하는 것처럼 들리면서 깨달아지

기 시작했다는 것이다. 마가복음 자신이 주님의 제자들을 위한 '훈련 지침서'라고 말하는 것 같았다. 그 내용은 예수님과 함께하는 삶으로 그분을 증거하고, 만민에게 복음을 전파하는 세계선교로 섬기라는 것이었다.

세부적으로는 서론으로 예수님의 권세 교육이 나오고, 본론으로 성도의 사역 초점 교육이 나오고, 결론으로 내세 믿음 교육이 나온다. 마가복음은 내세의 믿음을 가지고 예수님이 주신 권세로 사역을 감당하라고 분명히 말하고 있다.

성경을 빨리 읽는 게 뭐가 좋으냐고 묻는 사람들이 있다. 그때 나는 이렇게 대답한다.

"무엇이든지 자기가 하는 일이 좋으면 빨리, 그리고 많이 하고 싶은 법입니다."

하나님께서 주신 은혜로 내게는 성경을 빨리, 많이 읽고 싶은 마음이 생겼고, 매번 말씀 나눔을 통해 진리의 깊이가 깊어지는 걸 확인할 수 있었다. 성경통독의 속도는 자신에게 맞게 조절하는 게 가장 편안하지만 좀 더 빨리 읽으면 짧은 시간에 다독할 수 있는 장점이 있다.

물론 처음에는 쫓아가기 바쁘고 묵상이 제대로 안 되는 것 같은 단점이 있지만 사람의 생각을 내려놓을 수 있다는 장점이 있다. 또한 하나님의 말씀을 깨달아 알 수 있는 기회도 된다. 성경을 통으로 단숨에 읽는 게 하루아침에 되지는 않지만 누구나 할 수 있다.

말씀이 통째로 들리고, 성경의 깊은 맛도 느낄 수 있다는 게 빠른 성경통독의 유익이다. 또한 새로운 깨달음과 순종하는 믿음이 생기고 성경 전체의 초점을 발견하게 되기도 한다.

일반적으로 성경을 배우는 목적은 예수 그리스도를 믿고 영생을 얻은 존재로 사는 것이다. 그러므로 성경을 왜 배우려고 하는지 그 목적과 이유가 분명해야 된다. 성경은 지식으로 습득하거나 깨닫거나 이해하기 위해 배우는 게 아니다.

그러나 예수 그리스도를 믿고 그 믿음으로 살기 위해서는 성경이 깨달아지고, 이해되어지고, 알아져야 하고, 믿어져야 한다. 그러므로 성경을 통째로 단숨에 읽는 건 성경의 지식적인 내용에 집중하기보다는 영생이신 예수 그리스도에게 집중하기 위해서이다.

아멘으로 읽어라

신학적 주제와 학문적 지식을 가지고 성경을 이해하려고 접근하면 약간의 거리감을 느끼게 된다. 성경은 성령께서 우리를 조명해주시고 깨닫게 하시는 데 초점을 두고 단순하게 읽는 게 좋다.

성경을 분석하고 묵상해서 얻을 수 있는 게 있다 해도 그것이 무엇이며 또 얼마만큼의 유익을 얻을 수 있을지 의문이기 때문이다. 성경을 읽고 묵상할 때, 순종하기로 결단하고 보면 하나님의 말씀을 판단하기보다는 은혜와 감사로 말씀에 "아멘" 할 수 있을 것이다.

그리스도인에게는 묵상할 내용이 성경이기에 하나님의 말씀을 묵상한다는 건 그 내용에 순종할 것인지 불순종할 것인지, 둘 중 하나를 선택하는 것이다. 창세기에서 하나님께서 먹지 말라고 하셨던 선악과를 잘못 묵상하면 먹음직스럽고 보암직하기에 결국 따 먹는 결과를 낳고 만다.

하나님은 왜 선악과를 먹지 말라고 하셨을까? 깊이 묵상해도 하나님의 마음을 잘 모르겠다면 순종하는 마음으로 그냥 "아멘" 하고 먹지 않으면 된다. 진정한 말씀 묵상은 믿음으로 살기 위한 묵상이다. 또 하나님의 관심은 순종하는 묵상에 있다.

세상에서 잘 살기 위한 기준으로 하나님의 말씀을 이해하려고 하면 이해도 묵상도 잘되지 않을 것이다. 사람이 생각하는 기준으로 성경을 묵상하면 그분을 이해할 수 없기 때문이다. 때론 성경 지식이 많아도 순종하기 어렵고, 신앙생활이 도리어 힘들어질 수 있다. 그러나 하나님의 입장에서 생각하고 묵상하면 쉽게 다가온다.

사람이 구원받고 싶어 하는 마음보다 하나님께서 구원하시고 싶은 마음이 더 컸기에 하나님께서 사람의 모습으로 오셔서 사람을 구원하셨다.

사랑은 여기 있으니 우리가 하나님을 사랑한 것이 아니요
하나님이 우리를 사랑하사 우리 죄를 속하기 위하여
화목제물로 그 아들을 보내셨음이라
요일 4:10

마찬가지로 사람이 하나님의 말씀대로 살려고 하는 것보다 사람을 말씀대로 살게 하시려는 그분의 열망이 더 크기에 사람 안에 임마

누엘로 들어오셨고, 말씀대로 살아가게 하신다.

사람이 성경을 알고 싶어 하는 것보다 하나님께서 성경을 모든 사람들에게 더 많이 알려주고 싶으셔서, 그분의 마음을 설명해주려고 모든 언어로 번역되게 하셨다. 그러므로 하나님께서 주시는 믿음이 있어야 순종하는 힘이 생긴다. 믿음이 없으면 지식적 묵상은 될지 모르지만 실제적 묵상과 적용은 잘 안 된다.

성경을 읽을 때 사람 입장에서 해석하는 묵상을 하면 하나님께서 의도하시는 정확한 초점에서 빗나간 생각을 하게 된다. 그러므로 성경을 읽으면서 이해도 묵상도 잘되지 않을 때는 그저 아멘으로 화답하면서 읽으면 된다. 그것이 최선이다.

예수님께서도 진리가 무엇이냐는 빌라도의 질문에 대답하지 않으셨다.

빌라도가 또 물어 이르되 아무 대답도 없느냐

그들이 얼마나 많은 것으로

너를 고발하는가 보라 하되

예수께서 다시 아무 말씀으로도 대답하지 아니하시니

빌라도가 놀랍게 여기더라

막 15:4,5

그러나 진리를 알고 싶어 하는 사람은 새롭고 살아 있는 길이며 자유가 흐르는 진리를 만나기 위해 말씀에 붙기 마련이다. 성경을 반복적으로 읽으면 진리가 진리 됨을 발견하게 된다. 진리가 사람의 존재를 조명해주기 때문에 진리를 만나는 사람은 자신이 죄인임을 고백한다. 그리고 용서받은 죄인으로 하나님의 은혜 가운데 살게 된다.

하나님의 은혜로 사는 사람은 성경을 읽으면서 하나님을 분석하기보다는 그분을 사랑하고 그 말씀에 순종하려고 한다. 그러므로 성경을 읽는 목적이 하나님을 사랑하고 그 말씀에 순종하기 위한 게 분명하다면 성경을 읽으면서 하나님의 말씀에 "아멘" 하면 된다.

성경을 성경으로 묵상하라

성경을 통독하는 건 하나님의 마음을 사람의 마음에 담아내는 것이고, 묵상은 하나님의 마음을 품고 그 마음속으로 깊이 들어가는 것이다. 성경 각 권은 모두 하나님의 마음과 뜻을 표현하고 있다.

성경의 각 권에는 역사적 시대에 따라 하나님의 마음이 다양하게 설명되어 있다. 결국 동일한 하나님의 말씀이 다양하게 표현된 것이기에 구약성경의 전체 초점을 알고 있으면 구약성경으로 신약성경을 묵상할 수 있고, 신약성경의 전체 초점을 알고 있으면 신약성경으로 구약성경을 묵상할 수 있다.

바울은 구약에 정통한 율법 학자였다. 그래서 서신서들을 기록할 때 구약을 많이 인용하면서 하나님의 마음과 뜻을 펼쳐 보였다. 성경을 성경으로 묵상하는 방법은 처음부터 쉽게 되지는 않지만 성경을 통째로 읽다보면 점차 통째로 묵상이 된다.

사람의 지식과 상식으로 성경을 묵상하면 하나님께서 원하시는 정확한 묵상이 되지 않을 것이다. 그러나 성경을 통째로 계속 읽다보면 어느 순간에 성경이 사람을 밝히 조명해내면서 성경을 통해 사람의 진정한 모습을 보게 한다. 이처럼 성경은 사람이 성경을 묵상하는 것인지 성경이 사람을 묵상하는 것인지 모를 정도로 묵상의 주체를 바꿔버린다.

사람의 존재는 없어지고 그리스도만 존귀하게 나타나고, 사람의 생각은 없어지고 하나님의 생각만 묵상된다. 성경을 통째로 묵상하는 방법은 성경으로 성경을 묵상하는 것이다. 사람의 생각이 아니라 하나님의 마음으로 말씀을 묵상하는 것이다. 성령이 스승 되시면 그것이 가능하다.

허상의 세상에서 실상을 묵상하는 방법은 성경으로 성경을 묵상하는 것이다. 이렇게 묵상해야만 없어질 허상의 세상에서 영원한 하늘의 것을 묵상할 수 있다. 허상의 세상에서 실체가 나타나 움직이는 걸 묵상하는 방법이 성경으로 성경을 묵상하는 것이고, 그렇게 묵상해야만 허상의 현실 세계에서 실체가 움직이는 참 현실 세계를 묵상할 수 있다.

신약에서 복음을 이해하고 구약을 보면 복음이 보인다. 복음이신 예수 그리스도를 만나고 하나님의 사람이 된 바울은 서신을 통해 복음이신 예수 그리스도를 설명할 때 구약성경을 인용했다. 이러한 내용들은 특히 로마서에 집중적으로 나타난다.

복음이신 예수 그리스도를 하나님의 마음으로 묵상하면 성경의 본질이신 그분을 이해하고 다가가기 좋을 것이다. 그러므로 성경의 내용을 묵상하기보다는 그 내용의 본질을 이해하고 묵상하는 게 더 좋다. 바리새인들은 성경은 알았지만 성경의 본질이신 예수 그리스도는 잘 몰랐다. 본질을 찾지 못한 그들은 예수님에게 책망을 받기도 했다.

> 너희는 그리스도에 대하여 어떻게 생각하느냐
>
> 누구의 자손이냐 대답하되
>
> 다윗의 자손이니이다
>
> 다윗이 그리스도를 주라 칭하였은즉
>
> 어찌 그의 자손이 되겠느냐 하시니
>
> 마 22:42,45

예수 그리스도가 성경의 본질이시기 때문에 그분을 기준에 두고 성경을 묵상하면 구약이 복음으로 보인다. 또한 신약의 복음서 전체는 영생으로 묵상되고 예수 그리스도처럼 살 수 있는 에너지가 생길 것이다. 신약의 서신서도 예수 그리스도의 사랑으로 묵상하면 복음을 가진 자가 살아야 하는 삶의 방식으로 묵상될 것이다.

요한계시록은 환난의 세상에서 이기게 하시는 예수 그리스도를 기준으로 묵상해야 한다. 그러면 예수 그리스도로 인해 성도에게 결과적으로 나타나는 것, 즉 그리스도와 함께 세세토록 왕 노릇 하는 모습이 묵상될 것이다.

입체적으로 보는 눈과
듣는 귀

　초등학교 수학 과정 중에는 모눈종이에 그려진 정육면체에 색을 칠하면서 입체도형이 몇 개인지 맞추는 문제가 있다. 나무로 만든 정육면체를 입체로 쌓아놓으면 몇 개인지 금방 알 수 있는데, 평면인 모눈종이에 그려놓으면 이해가 빨리 안 될 때가 있다.

　성경도 원래 입체적인 실제 상황들을 평면적인 글로 서술한 것이므로 금방 이해가 안 될 수 있다. 성경을 통째로 반복해서 단숨에 읽으면서도 묵상이 가능한 건 평면적으로 기록된 성경의 지식이 입체적 진리로 보이기 때문이다. 성경을 읽을 때 성령이 스승 되시면 그렇게 보이기 시작한다. 이는 성경의 지식이 아니라 성경의 진리가 묵상되는 원리이다.

　성경을 통째로 반복해서 단숨에 읽으면 성령님이 성경을 깨닫는 마음과 성경을 입체적으로 보는 눈과 듣는 귀를 주신다.

　그날에 못 듣는 사람이 책의 말을 들을 것이며
　어둡고 캄캄한 데에서 맹인의 눈이 볼 것이며

　사 29:18

　그날에 주님께서 "이에 그들의 마음을 열어 성경을 깨닫게"(눅 24:45) 하시면 성경을 진리로 묵상할 수 있다.

평면적 묵상은 깊이 생각할 시간이 필요하지만 그에 비해 입체적 묵상은 성경을 통째로 반복해서 읽는 동시에 묵상이 가능하다. 성경을 깨닫는 눈과 귀와 마음이 열리면 성경이 보이고 들리고 알아지기 때문이다.

사도행전에는 바울이 예수 그리스도를 믿기 전에 그리스도인들을 잡으러 다메섹으로 가다가 예수님을 만나는 장면이 나온다. 하늘로부터 빛이 바울을 둘러 비추자 눈은 떴으나 아무것도 보지 못하게 되고 만다.

그리고 다메섹에 있는 아나니아라는 예수님의 제자에게 기도를 받고 성령이 충만해지자 눈에서 비늘 같은 것이 벗겨져 다시 보게 된다. 바울에게 세상을 보는 눈은 있었지만 하늘을 보는 눈과 예수 그리스도를 보는 눈은 없었다. 또한 성경 지식을 보는 율법 학자의 눈은 있었지만 예수 진리를 보는 눈은 없었다.

성령이 충만했던 스데반은 성경과 진리와 하늘을 관통하는 눈으로 예수님이 하나님 우편에 서신 걸 본다고 말했다. 그러자 바울은 스데반을 죽이는 데 동조하고 그의 죽음을 마땅히 여겼다.

예수님을 만난 후에, 바울은 세상을 보는 눈이 감기고 하늘을 보는 눈과 진리를 보는 눈이 뜨이는 것을 경험했다. 자기가 스데반에게 했던 "죽어야 마땅하다"라는 말을 이제는 그가 유대인들에게 듣게 되었다.

율법에 매여 사람을 죽이는 일에 앞장섰던 그가 진리에 눈을 뜨면서부터는 복음으로 사람을 살리는 데 앞장서는 걸 볼 수 있다. 하나님의 은혜로 말씀을 보는 눈이 뜨이면 말씀이 입체적 진리로 보인다.

성경을 하나님의 은혜 아래서 묵상하면 하나님의 마음으로 볼 수 있는 눈과 마음이 열린다. 나는 창세기를 읽다가 가인이 아벨을 죽인 사건을 통해 하나님의 은혜를 깨닫게 되었다.

가인이 아벨을 죽였을 때, 하나님께서 가인을 죽이는 자에게는 벌을 7배나 더하겠다고 하셨다. 나는 살인한 죄인을 왜 보호하시는지, 아무리 좋게 묵상하려고 해도 이해할 수가 없었다.

'왜 하나님께서는 의로운 사람의 죽음에 대한 판결을 이렇게 내리셨을까?'

그런데 하나님의 은혜로 묵상하니까 죄인을 보호하시는 게 아니라 의인을 보호하시려는 것임을 알게 되었다.

만약에 의인이 아벨을 죽인 살인자 가인을 죽이면 가인과 똑같은 죄인이 되기 때문이었다. 하나님은 죄인 때문에 의인이 죄인 되는 걸 막기 위해 벌을 7배나 더하신 거였다.

또한 하나님은 죄인을 보호하시는 게 아니라 죄인을 구원하려 하셨다. 원수의 머리에 숯불을 얹는 사랑은 사람을 변하게 한다. 이것이 원수를 구원하고 죄인을 의인으로 만들기 위한 하나님의 은혜와 사랑의 방법이다. 가인 같은 죄인과 가인보다 더한 죄인들이 하나님의 은혜로 하나님의 자녀가 되었다. 하나님의 은혜의 관점으로 성경을 읽고 묵상하면 엄청나게 깊은 묵상이 되고 말씀이 깊게 관통된다.

빌레몬서에는 빌레몬의 종이었던 오네시모가 주인을 해롭게 하고 어려움을 준 이야기가 나온다. 빌레몬은 하나님의 은혜로 그런 종인 오네시모를 형제로 두게 된다. 참으로 큰 용서와 사랑이다.

나는 가끔 빌레몬서를 읽으면서 그 뒤에 '손양원서'를 써서 추가했으면 좋겠다는 생각을 하곤 한다. 빌레몬은 종을 용서하고 형제로 삼았지만, 손 목사님은 아들을 둘이나 죽인 원수를 용서만 한 게 아니라 양아들로 삼았기 때문이다.

목사님의 일화는 하나님의 은혜다. 빌레몬은 종을 형제로 삼았고, 목사님은 원수를 아들로 삼았으며, 하나님께서는 지금도 가인보다 더한 죄인들을 자녀로 삼고 계신다.

하나님의 마음을 깊이 알면 알수록 성경이 보인다. 성경을 묵상할 때 의인을 보호하고 죄인을 구원하시는 하나님의 은혜로 접근하면 깊은 묵상이 된다. 성경의 내용이 하나님의 사랑과 은혜이기 때문이다.

1000 999 998 997 996 995 994 993 992 991

990 989 988 987 986 985 984 983 982 981

980 979 978 977 976 975 974 973 972 971

970 969 968 967 966 965 964 963 962 961

960 959 958 957 956 955 954 953 952 951 950 949

948 947 946 945 944 943 942 941 940 939 938 937

936 935 934 933 932 931 930 929 928 927 926 925

924 923 922 921 920 919 918 917 916 915 914 913

912 911 910 909 908 907 906 905 904 903 902 901

900 899 898 897 896 895 894 893 892 891 890 889

888 887 886 885 884 883 882 881 880 879 878 877

876 875 874 873 872 871 870 869 868 867 846 845

864 863 862 861 860 859 858 857 856 855 854 853

852 851 850 849 848 847 846 845 844 843 842 841

840 839 838 837 836 835 834 833 832 831 830 829

05

삼에 적용하라

하나님의 주권으로
적용하기

적용 원리는 말씀을 삶에 적용하려고 애쓰는 게 아니라 말씀이 삶에 적용되게 하는 것이다. 또한 말씀으로 살려고 노력하는 게 아니라 말씀을 믿는 믿음이 순종으로 살아지게 하는 믿음생활을 말한다.

그러므로 믿음은 들음에서 나며
들음은 그리스도의 말씀으로 말미암았느니라

롬 10:17

우리가 성령으로 믿음을 따라 의의 소망을 기다리노니
그리스도 예수 안에서는 할례나 무할례나 효력이 없으되

사랑으로써 역사하는 믿음뿐이니라

갈 5:5,6

　성경을 통독하는 건 하나님의 마음을 담아내는 것이고, 묵상은 그 하나님의 마음을 성도의 마음에 품는 것이다. 그리고 적용은 그 마음이 삶의 현장에서 사랑으로 나타나 순종으로 살아가는 믿음생활이다. 하나님의 말씀을 삶에 적용하는 원리는 말씀을 듣고 생긴 믿음이 사랑으로 표현되는 순종생활이고, 예수 그리스도를 담아내고 그분의 사랑을 퍼주는 세계선교생활이다.

하나님께서 하실 일로 적용하기

　요한복음에는 날 때부터 소경으로 태어난 사람이 나온다. 제자들이 예수님께 질문을 던진다.

제자들이 물어 이르되
랍비여 이 사람이 맹인으로 난 것이
누구의 죄로 인함이니이까
자기니이까 그의 부모니이까

요 9:2

　예수님은 하나님께서 주시는 대답으로 "이 사람이나 그 부모의 죄로 인한 것이 아니라 그에게서 하나님의 하시는 일을 나타내고자 하심이라"라고 말씀하셨다(요 9:3). 영어 성경에서는 하나님께서 하시는 일을 나타내고자 '디스플레이'(display) 했다고 나오는데, 이 말은 "하나님께서 하실 일이 있다"라는 뜻이다.

천지창조에도 디스플레이 하신 목적이 있다. 하나님께서 하실 일을 나타내려는 목적에서 사람을 창조하시고 세상에 흩어져 살게 디스플레이 하신 것이다. 그러므로 하실 일을 나타내고자 하는 게 창조의 목적에 포함되어 있다. 또한 인생 창조의 목적에도 하나님께서 하실 일을 나타내고자 하는 그분의 뜻이 들어 있다.

창조의 목적은 하나님의 자녀를 출생시키는 것이고, 인생의 목적은 그분의 자녀답게 사는 것이다. 그러므로 하나님의 하실 일은 예수 그리스도를 믿음으로써 하나님의 자녀가 되게 하고, 그분의 자녀답게 살게 하는 것이다.

하나님께서 하실 일은 그분의 뜻이기에 우리의 상식이나 철학으로는 이해할 수 없다. 사람이 측량할 수 없는 방법으로 일하시기 때문이다. 땅의 일을 말해도 믿지 못하는 사람들에게 하늘의 일을 말하면 더욱 믿지 못하기 때문이다. 하나님의 말씀을 적용하려 하면 먼저 이런 질문들이 떠오를 것이다.

"하나님은 그 사람을 왜 맹인으로 디스플레이 하셨을까?"

"내 자녀에게는 왜 이렇게 여러 가지 질병으로 디스플레이 하실까?"

"내 가정은 왜 부유하지 못하게 디스플레이 하신 것인가?"

내 상황이 불만스러운데도 불구하고 그것을 하나님의 뜻으로 이해하면 영적 눈이 떠진 것이다. 하나님께서 우리 가정에 이런저런 모양으로 나타내신 일들의 목적을 알게 되면 모든 문제에서 자유할 수 있다. 그러므로 내 주변의 원수와 핍박자들에게도 하나님의 하실 일을 적용하면 그분의 자녀를 낳는 열매로 나타날 것이다.

우리가 하나님께서 역사하시는 주권을 인정하면 가난과 고질적인 질병을 넘어서는 힘을 주신다. 그리고 극한 상황과 환경을 이길 수 있는 힘도 주신다. 그러므로 하나님께서 내게 가장 잘해주실 걸 기대하면서 그분이 하실 일을 하시도록 나를 내어드리자. 내게 나타내신 모든 걸 하나님께서 하실 일로 적용해보라.

하나님께서 하시는 것으로 적용하기

하나님의 말씀은 물리적인 힘으로 적용하는 게 아니라, 그분이 주시는 믿음이 들어와야 한다. 사람은 낙타를 바늘귀에 들어가게 못하지만 하나님께서는 하실 수 있다. 낙타가 바늘귀로 들어가고 못 들어가는 것에 대한 기준을 사람에게 맞추니까 못 들어간다고 생각하는 것이다.

하나님께서 하시겠다고 하는 일을 마술사가 하면 놀라워하고 믿으면서 그분이 하실 수 있다는 건 믿지도 않고 여전히 이상하게 생각한다. 사람에게는 바늘귀에 낙타를 통과시키는 것과 죽은 사람을 살리는 게 어려운 일이지만 하나님께는 쉽고 가벼운 일이다.

사람들은 옷을 만들어 입고 다니다가 더러워지면 깨끗하게 하기 위해 세탁기에 넣고 돌린다. 물론 물과 세제를 함께 넣고 돌려야 한다. 하나님께서 만드신 사람이 죄로 더러워지면 하나님은 그리스도의 피로 그의 죄를 깨끗케 하신다.

성경에서는 사람을 하나님의 자녀로 만들고 죄인을 의인 되게 하시려고 하나님께서 지금도 우주와 세상을 움직이고 계신다고 말한다. 하나님께서 죄로 더러워진 사람을 깨끗하게 하기 위해 세탁기를 돌리듯 지구를 돌리고 계시다면 세상은 큰 세탁기가 되어 돌아가고 있는 것이다.

세탁기 속에 더러운 옷이 있는 것처럼 지구 세탁기 속에는 더러운 죄인들이 세상 기준에 따라 살아가고 있다. 하나님께서 지구 세탁기를 돌리시는 목적은 사람을 구원시키는 데 있다.

우주가 움직이는 목적도 사람을 구원시키는 데 있다. 이 일을 위해 하나님께서 우주만 돌리시는 게 아니라 국제 정세와 세상만사를 움직이시고 측량할 수 없는 일들이 일어나게 하신다.

다니엘서를 보면 느부갓네살 왕이 큰 신상 꿈을 꾸고 다니엘이 그 꿈을 해몽하게 된다. 큰 신상의 금 머리는 바벨론의 느부갓네살 왕이고, 은으로 된 가슴과 팔은 페르시아 제국을 뜻하며, 놋으로 된 배와 넓적다리는 헬라 제국을 말한다. 쇠로 된 종아리와 쇠와 진흙이 섞인 발은 로마 제국을 상징한다.

이런 때에 하늘의 하나님께서 성도에게 줄 영원한 나라를 세우시기 위해 예수 그리스도를 상징하는 '뜨인 돌'로 열국의 모든 나라들을 무너뜨리신다. 결국 하나님께서 국제정세를 돌리시는 건 그분의 뜻을 이루시기 위해서다. 그러므로 사람에게 나타나는 모든 상황과 환경은 하나님께서 하시는 일이다.

모든 게 하나님의 나라를 세우고, 거룩하고 흠이 없는 하나님의 자녀가 되게 하시려는 그분의 뜻을 이루기 위해 움직이며 돌아간다. 그 때문에 성도에게 일어나는 일들을 하나님께서 하시는 것으로 적용하는 것이다.

하나님께서 하신 것으로 적용하기

하나님의 말씀인 성경이 내 생각과 다를 때는 이해할 수 없고 믿을 수가 없다. 또한 하나님의 생각과 내 생각이 다르면 묵상도 안 되고 적용도 잘 안 될 것이다. 하나님의 말씀은 머리가 좋다고 이해되거나 쉽게 깨달아지는 게 아니다. 그러므로 말씀이 믿어지는 것은 은혜이며, 하나님의 생각과 같은 생각을 갖는 건 능력이다.

창세기에 나오는 요셉은 보통 사람들의 생각과 다른 하나님의 생각을 갖고 있는 것 같다. 야곱의 열두 아들 중 하나인 그는 아버지의 편애를 받다가 배다른 형들에게 미움을 사게 되었고, 결국 그들에 의해 인신매매로 애굽에 팔려갔다.

애굽의 보디발 장군 집에서 종살이를 하게 된 그는 주인을 충성스럽게 섬겼는데 억울한 누명을 쓰고 감옥에 갇히고 만다. 총 13년 동안 억울하게 종살이와 옥살이를 하면서 살았다. 그가 옥살이를 할 때, 하나님의 은혜로 바로 왕의 7년 풍년과 7년 흉년 꿈을 해몽하고 총리가 되었다.

그리고 아버지와 동생 베냐민을 그리워하며 살다가 7년 흉년 기간에 식량을 사러온 형들을 만나고, 아버지와 동생 베냐민이 살아 있다는 소식을 듣게 된다. 요셉은 애굽 총리의 신분으로 아버지와 가족들을 초청하고, 그들은 모두 애굽의 고센 땅에 와서 살게 된다.

어느덧 시간이 흘러 아버지 야곱이 죽을 때가 되자 형들에게 고민이 생겼다. 아버지가 돌아가시고 나면 분명 자신들이 행한 악에 대해 요셉이 복수할 거라고 생각했다.

그런데 요셉은 이 모든 일을 형들이 한 게 아니고 하나님께서 하신 것으로 적용했다. 왜 하나님께서 그렇게 하신 것일까? 하나님께서 요셉을 해하려 했던 형들의 악한 일을 선으로 바꾸셔서 만민의 생명을 구원하려 하신 것이다.

당신들은 나를 해하려 하였으나
하나님은 그것을 선으로 바꾸사
오늘과 같이 많은 백성의 생명을
구원하게 하시려 하셨나니
창 50:20

하나님께서 만민의 생명을 구원하시기 위해서 하신 일은 참으로 이해하기 힘들다. 하지만 생명을 구원하기 위해 벌이시는 이런 일이 그분이 하실 일이고, 하시는 일이며, 이미 예수 그리스도를 통해 하신 일이다. 이런 것이 성도에게 나타날 때 "그 허물과 죄를 용서함으로"(창 50:17) 하나님께서 하신 일로 적용하는 것이다.

변화된 존재로
적용하기

하나님의 자녀로 적용하기

사람이 하나님의 말씀을 적용하면서 살려고 하면 할수록 점점 어려워지는 걸 본다. 사람이 하나님의 말씀대로 산다는 게 불가능하기 때문이다. 그러나 하나님의 자녀가 그분의 말씀대로 사는 건 분명 가능하다.

대학교에서는 공부를 많이 하고, 대학과 대학원을 졸업한 사람들에게 학사, 석사, 박사 학위를 준다. 박사 학위를 받고 직업을 갖게 되면 그 직분에 맞는 삶을 살아야 한다. 그러나 직분 자체가 직분에 맞는 삶을 살게 하지는 못한다. 사람들이 학위를 받으면 직분은 바뀌겠지만 존재 자체가 바뀌지는 않기 때문이다.

하루는 닭이 하늘을 훨훨 날아다니는 독수리를 보고 날고 싶은 마음이 생겼다. 도대체 어떻게 하면 날 수 있을까 고민하다가 "오리도 까불면 날 수 있다"라는 말은 들은 닭이 용기를 내어 노력하고 연구하여 "닭도 까불면 날 수 있다"라는 논문을 쓰고, 닭으로서는 최초로 박사 학위를 받는다.

그러나 아무리 까불어도 날지 못했다. 닭이 공부를 많이 하고 날 수 있는 방법을 연구해서 박사가 되었지만 여전히 날지 못하는 건 왜일까? 그 이유는 간단하다. 여전히 닭이기 때문이다. 닭이 날 수 있는 방법이 있다면 닭으로서 노력하는 게 아니고 마술을 부려서라도 하늘을 자유롭게 날아다니는 독수리로 변해야 된다.

　사람을 그분의 형상답게 살게 하시는 하나님은 높은 기준을 설정하시고 기준대로 못 산다고 트집을 잡아 지옥에 보내고 겁주고 벌주시는 분이 아니다. 또한 닭으로 만들어놓고 독수리처럼 날지 못한다고 하시는 분이 아니다.

　하나님께서 사람에게 직분을 주시고 그분의 말씀대로 살라고 하시는 게 아니라 사람의 존재를 그분의 자녀로 바꿔주시고 바뀐 상태로 살게 하신다. 내가 가진 직분으로 하나님의 말씀을 적용하는 게 아니다. 성경공부를 많이 했다고 말씀대로 살 수 있는 것도 아니다. 성경은 사람이 하기 힘든 걸 요구한다.

　사람은 할 수 없지만 하나님의 자녀는 할 수 있다. 하나님께서 할 수 있게 해주시기에 그분의 말씀이 자녀들에게 적용된다.

임마누엘로 적용하기

　하나님께서 사람을 구원하신 목적은 그리스도와 함께 살게 하시려는 것이다. 성경에는 그리스도가 "하나님의 비밀"이라고 말씀하고 있는데, 이 비밀이 만세와 만대로부터 감추어졌다가 나타났다.

> 이는 그들로 마음에 위안을 받고
> 사랑 안에서 연합하여 확실한 이해의 모든 풍성함과
> 하나님의 비밀인 그리스도를 깨닫게 하려 함이니
>
> 골 2:2

그리고 성령으로 성도 안에 임마누엘 하셔서 동고동락하신다. 그리스도가 성도 안에서 주인으로 사시게 된다는 말이다.

사람을 창조하시고, 그 사람 안에서 주인으로 함께 사시기 위해 구원을 이루신 것이다. 성령으로 그리스도와 연합한 성도가 하나님의 자녀로서 어떻게 살아야 하는지는 성경에 잘 기록되어 있다.

"서로 사랑하라, 서로 위로하라, 피차 권면하라, 피차 덕을 세워라, 사랑 안에서 서로 화목하라, 모든 사람에게 오래 참으라, 항상 선을 좇으라, 항상 기뻐하라, 쉬지 말고 기도하라, 범사에 감사하라, 범사에 좋은 것을 취하고 악은 모양이라도 버리라"(살전 4,5장)라고 말씀하고 있지만 쉽게 적용되는 내용은 아니다.

이 말씀대로 살 수 없는 경우가 더 많다. 그런데 하나님의 은혜로 구원받은 존재는 그리스도가 임마누엘로 늘 함께하신다. 여기에 비밀이 있다. 그분이 우리가 할 수 있도록 해주신다.

너희를 부르시는 이는 미쁘시니
그가 또한 이루시리라

살전 5:24

그러므로 그리스도를 주인으로 인정하고, 종의 자세를 취하기만 하면 하나님의 말씀은 임마누엘로 적용된다.

하나님의 뜻으로 적용하기

퍼즐을 맞출 때 그림을 보지 않고 맞추는 경우는 별로 없다. 대부분 전체 그림을 먼저 보고 맞추기 시작한다. 만약 보지 않고 퍼즐을 맞춘다면 시간도 오래 걸리고 전체를 맞추기가 어려울 것이다.

마찬가지로 성경의 전체 그림을 모르면서 하나님의 말씀을 묵상하고 적용하면 성경에서 말하는 초점에서 빗나간 적용을 하기가 쉽다. 묵상과 적용이 잘 안 되는 경우도 허다하다.

말씀통독은 큰 그림의 퍼즐 조각을 맞추는 것과 같다. 말씀을 통해 예수 그리스도라는 그림을 보면 쉽게 퍼즐을 맞출 수 있다. 하나님께서 천지를 창조하시고, 사람을 만드시고, 천국을 준비하셨다. 마태복음은 "아브라함과 다윗의 자손 예수 그리스도의 계보"라는 말씀으로 시작하고 있다. 하나님의 뜻은 예수 그리스도의 족보 안에 들어오는 하나님의 나라를 만드는 것이다.

성경 전체는 예수 그리스도를 설명하기 위한 단어로 시작해서 그것이 문장과 문단을 이루고 결국 한 권의 책으로 엮인 것이다. 율법의 목적은 오실 예수 그리스도를 믿으라는 것이고, 복음의 목적은 오신 하나님의 아들 예수 그리스도를 믿고, 그 믿음으로 살라는 것이다. 이것을 삶에 적용할 때는 사람의 뜻이 아니라 하늘 아버지의 뜻이 기준이 되어야 한다.

예수님은 겟세마네 동산에서 땀방울이 핏방울처럼 떨어지는 기도를 하나님께 드리면서 할 수만 있으면 죄의 쓴 잔이 지나가기를 원하

셨다. 그럼에도 아버지의 뜻대로 되기를 기도하셨다. 처절한 기도의
내용은 예수님에게 배달된 하나님의 뜻이었다.

성도가 감당하기 힘들 정도로 어려운 문제에 대해 어떻게 기도하고
적용해야 되는지 예수님은 퍼즐을 맞출 때처럼 큰 그림을 기준으로
잡아주셨다.

'내 뜻대로 마옵시고 아버지의 뜻대로'라는 큰 그림을 보여주셨다.
내 뜻대로 하기 시작하면 하나님의 말씀이 내 삶에 적용되지 않는다.
묵상까지는 잘되어도 적용하기는 어렵다.

하늘 아버지의 뜻이 내 뜻이 되어야 한다. 뜻이 하늘에서 이루어진
것같이 땅에서도 이루어지는 게 하나님께서 원하시는 적용이기 때문
이다. 그러므로 하나님의 말씀은 내 뜻이 아니라 그분의 뜻으로 적용
된다.

믿음과 사랑으로
적용하며 살기

교회를 개척하려 할 때 한 친구가 찾아와서 내게 말했다.

"자네는 집을 팔아서 개척하면 되겠네."

느닷없는 말을 들은 나는 속으로 비웃었다.

'아니, 내가 어떻게 장만한 것인데….'

전도사 시절에 맞벌이를 하면서 간신히 장만한 18평도 안 되는 다

가구 연립주택을 팔아 교회를 개척할 마음이 전혀 없었기 때문이다. 아주 작고 보잘것없는 집이었지만 내게는 귀한 재산이었기에 팔아서 하나님께 바칠 마음도 믿음도 없었다.

그런데 하나님께서 믿음을 주셔서 집을 팔게 하시고, 교회 건물을 얻게 해주셨다. 내 생각과 지식의 판단으로는 말씀대로 살 수 없지만 그분이 주시는 믿음은 말씀대로 살 수 있는 길을 열어주신다.

하나님께서는 "오직 의인은 믿음으로 말미암아 살리라"라고 하시면서 성도가 믿음으로 사는 적용을 하기를 바라신다. 그분이 믿음을 주시면 그 믿음이 순종으로 움직이게 된다. 믿음이 없으면 묵상과 적용이 잘 안 된다.

성경을 읽는 것이 믿음의 시작이고, 묵상의 과정이며, 적용의 열매이다. 순종하는 적용을 하려면 먼저 성경통독으로 얻은 믿음이 있어야 한다. 성경을 읽어서 믿음이 생기면 하나님의 뜻을 이루는 적용이 삶에서 믿음으로 나타난다.

성경 전체의 글자를 형상화하면 예수 그리스도 형상의 모자이크 그림이 나온다. 또한 성경의 모든 글자를 큰 글자로 조합하면 '예수 그리스도'라는 글자가 나오고, 믿음의 힘으로 꽉 눌러 짜도 예수 그리스도가 나온다. 성경을 통째로, 반복적으로, 단숨에 읽으면 인생의 질그릇에 보배이신 그분이 담긴다.

성도 안에 담긴 성경의 조합체인 예수 그리스도가 성도의 삶의 현장에서 풀어져 적용될 때 사랑으로 나타난다. 성경은 "사랑으로써 역사하는 믿음"(갈 5:6)을 말씀한다. 믿음은 사랑으로만 표현된다는 말이다. 말씀을 통독해서 생긴 은혜의 믿음이 삶에 적용될 때 사랑으로 나온다는 뜻이다.

예수님은 제자들을 보내시면서 "양을 이리 가운데 보냄과 같다"라고 말씀하신 적이 있다(마 10:16). 양이 이리 가운데 있으면 죽는다. 그리스도인으로 세상에서 살아가는 것만으로도 힘든데, 사랑하면서 살아가야 하는 건 더욱 어렵다. 속고 속이면서 사는 이 세상에서 사랑하며 산다는 건 세상의 이리에게 잡아먹히는 것과 같기 때문이다.

결국 사랑으로 산다는 건 믿음으로 죽는 것이고, 그것이 예수님처럼 사는 것이다. 왜 예수님은 제자들을 이리 가운데로 보내시는 것일까? 그분이 사랑으로 죄인을 위해 죽으시고 구원하신 것처럼 제자들도 사랑으로 나아가 세상의 이리들에게 잡아먹히고, 그로 인해 그들을 하나님의 양으로 만드시려는 하나님의 작전이다.

어떤 사람이 전화 한 통을 받았다. A라는 회사가 조만간 코스닥 상장회사가 될 것이니 빨리 주식을 사두라는 내용이었다. 이 사람은 주식을 살 수도 있고, 안 살 수도 있다. 정말 A라는 회사가 조만간 코스닥 상장회사가 될 거라는 믿음의 확신이 있으면 곧바로 사겠지만 그런 믿음의 확신이 없으면 사지 않을 것이다.

하나님의 은혜로 말씀이 믿어지면 순종할 수 있는 에너지가 나오고, 그 순종은 삶의 적용으로 이어지며, 적용하는 삶은 그리스도의 사랑으로 나타난다.

말씀을 통독할 때 하나님의 말씀으로 듣고 믿으면 믿는 자 속에서 말씀이 살아 역사한다. 바울이 다메섹에서 들은 주님의 음성이 그를 바리새인 신분에서 세상의 선교사로 바꿔놓았다. 주님의 음성이 들리면 남의 들보를 보기보다는 자신의 티를 보고 죄인임을 깨닫게 된다.

머리에 들어 있는 지식은 삶의 현장에서 말씀을 적용하는 데 별 효력이 없지만 심령에 들어 있는 믿음은 힘이 있어 살아 움직인다. 요한복음은 하나님의 말씀을 듣는 자가 살아난다고 말씀하고 있다.

> 진실로 진실로 너희에게 이르노니
> 죽은 자들이 하나님의 아들의 음성을 들을 때가 오나니
> 곧 이때라 듣는 자는 살아나리라
>
> 요 5:25

목회자의 설교는 어쨌든 은혜를 전하고 생명을 살리는 것이어야 한다. 또한 하나님의 말씀인 성경을 읽고 묵상하다가 혹시 은혜가 안 될지라도 순종해야 한다. 성경은 평가할 내용이 아니기 때문이다. 그러므로 성경은 분석적 묵상으로 적용하는 게 아니라 말씀에 순종함으로써 살아나는 생명으로 적용해야 한다.

죽은 지식적 묵상은 죽은 적용을 낳지만 살아 있는 순종적 묵상은 운동력 있는 적용을 낳는다. 살아 있어서 운동력 있는 하나님의 말씀은 생명을 탄생시키는 힘이 있기에 모든 상황을 살려주는 말씀으로 적용된다. 살려주는 영으로 사람을 살리는 말을 하면 모든 상황에서

살아나는 적용이 된다. 하나님의 말씀을 사람의 생명과 영혼을 살리는 말씀으로 적용하면 영원한 생명으로 나타난다.

예수 그리스도가
나타나는 삶

성경의 이야기는 하나님을 만나서 구원받고, 하나님과 함께하는 삶을 살라고 말하고 있다. 그렇게 살면 복음이 움직이는 삶을 살 수 있다. 성경에서 "오직 의인은 믿음으로 말미암아 살리라"(롬 1:17) 함과 같이 예수 그리스도를 믿는 의인은 예수 그리스도로 살아야 된다. 말씀으로 사람이 거룩하게 되고, 그리스도인으로 살게 되는 적용은 성도의 삶의 현장에 그리스도가 나타나는 것이다.

결국 성경 전체의 내용은 예수 그리스도를 말씀하고 있다. 하나님의 말씀대로 삶으로 예수 그리스도를 나타내라는 것이고, 환경의 어려운 시험들을 통해 하나님의 영광을 나타내라는 것이다.

그리스도가 삶의 현장에 적용되어 이 땅에 예수 그리스도를 남기는 인생은 복된 인생이다. 내가 죽고 예수가 사시는 산제사로 적용하면 그리스도가 나타난다.

바울은 많은 은사를 받은 선교사로, 선교 여행 중에 많은 사람들의 질병을 고치기도 했다. 심지어 그의 손수건이 병든 사람에게 닿기만 해도 질병이 나았다.

그에게도 육체의 가시가 있었다. 그래서 자신의 연약함을 위해 세 번 기도했다. 그러나 주님의 응답은 연약한 상태로 살아가라는 거였다. 선교여행 중에 유두고를 살리는 하나님의 은혜를 경험했으면서도, 그는 사람을 살린 간증보다 기도를 했음에도 자신의 연약한 질병을 고침 받지 못한 은혜의 간증을 장황하게 말한다.

죽은 사람을 살린다 해도 그런 그리스도의 능력은 떠날 수 있다. 반면 하나님의 크신 은혜와 간증은 질병을 고치는 게 아니라, 질병을 고친 사람에게 그리스도가 가장 큰 능력으로 머물러 계시는 것이다.

그러므로 바울은 그리스도를 위해 약한 것들과 능욕과 궁핍과 핍박과 곤란을 기뻐했다. 도대체 그 이유가 무엇인가? 그것은 우리가 약할 때 그리스도의 능력이 머물러 가장 강하게 역사하시기 때문이다.

우리는 간혹 가난하게 살다가 부자가 되는 걸 예수 잘 믿은 간증으로 여긴다. 그러나 세상에는 예수 안 믿고도 부자가 되는 경우가 허다하고, 불신자들 중에는 신자보다 훨씬 더 큰 부자가 많다. 또 질병으로 고생하다가 고침 받은 것을 간증으로 말한다. 그리고 부족한 몇 가지를 채움 받는 것이 기도 응답이라고 생각한다.

그러나 성경은 우리의 간증이 그리스도여야 한다고 말한다. 가난할지라도 예수를 잘 믿어 "아멘" 할 수 있기를 원한다. 예수 믿고 부자 되는 게 아니라 예수 그리스도가 나타나는 삶을 살기를 원한다.

성경은 가난하게 살라고도 부자로 살라고도 하지 않는다. 오직 "예수 믿음으로 살라"라고 말한다.

예수 잘 믿으면서 질병에 걸릴지라도 바울처럼 "아멘"하기를 말씀하고 있다. 건강하게 살라는 것도, 질병에 걸려 고생하라는 것도 아니다. 오직 예수 믿음으로 살라는 것이다.

때로는 예수를 잘 믿는데도 부족할 수 있다. 그러나 실제로는 예수를 잘 믿으면 부족한 것이 없다. "여호와는 나의 목자시니 내게 부족함이 없으리로다"(시 23:1)라는 말씀처럼 부족함 없는 인생을 살게 된다.

내가 큰딸과 뉴질랜드와 호주에 갈 당시 시무하던 교회는 작은 교회여서 선교여행 경비를 지원해줄 수가 없었다. 그래서 나는 교회를 주님께 맡기고, 교회와 가족을 떠나 아무 연고도 없는 먼 나라에서 1년 동안 지냈다.

당연히 그곳에서의 생활은 늘 뭔가가 부족했다. 그럼에도 주님은 모든 걸 채워주셨다. 딸아이를 호주 공립학교에서 3개월간 공부할 수 있게 하셨고, 거처할 곳도 마련해주셨고, 함께 동역할 사람들을 만나게 해주셨다. 체류 경비 없이 살게 하신 하나님의 큰 은혜를 경험했다.

그때 내 소유와 재산 없이도 1년을 살게 하신 하나님께서 평생 살게 하실 거라는 믿음을 갖게 되었다. 부족할지라도, 질병이 있을지라도 "아멘"하는 진리를 알게 되었다. 사람은 아플 때 더 큰 간증으로 은혜에 감사할 수 있다. 나는 질병 때문에 약 십여 년 동안 앰뷸런스를 전세 내다시피 하며 병원에 실려 다녔지만 그로 인해 늘 주님을 의지할 수 있었다. 지금도 연약한 부분으로 인해 주님을 더욱 의지하고 있다.

그리고 가난할지라도 "아멘"하는 진리도 알게 하셨다. 우리 교회는 개척한 지 십수 년이 지났지만 한결같은 수준을 유지하고 있다. 하지만 물질 때문에 프로그램을 못한 적은 없다. 물질에 구애받지 않고 뭐든지 할 수 있게 해주시는 은혜가 있다. 나는 어떤 형편과 환경 속에서도 그리스도가 계신 걸 본다.

약할 때 강함 되시는 그분으로 인해 가난해도, 질병에 걸려도, 부족해도 "아멘"하는 게 삶의 가장 큰 묵상이며 적용이 된다.

○ 구약 39권 의미적 주제

① 성경은 하나님의 비밀로, 그리스도의 생명이 사람에게 임마누엘 되어 하나님을 경외하는 신비로 살게 한다.

② 신학적으로 성경은 하늘의 정보를 제공하여 그리스도의 생명으로 살게 한다.

③ 신앙적으로 성경은 교회의 정보를 제공하여 하나님의 소원을 성취한다.

• 역사서 17권은 메시아의 구속역사를 중심으로 기록되다.

• 시가서 5권은 메시아의 구속계획이 개인의 신앙체험을 통해 기록되다.

• 선지서 17권은 메시아의 구속역사에 대한 해설서로 기록되다.

1. 신학적 역사서

구속역사의 총론(모세오경 5권)

창세기 구원의 복음은 여자의 후손이고

출애굽 구원의 방법은 어린양과 성전이며

레위기 구원의 기준은 제사법과 거룩법이다.

민수기 구원의 내용은 교회생활, 구원의 삶으로

신명기 구원의 완성은 하나님을 경외하는 신비로 나죽예사 천국용사다.

구속역사의 각론(역사서 12권)

▶ 구원(5권)

여호수아 구원의 정복은 구원의 안식이며

사사기 구원의 통치는 순종의 안식이다.

룻기 구원의 신앙고백은

삼상 멸망의 길(사울의 생각)과

삼하 구원의 길(다윗의 생각)로 구분된다.

▶ 복음(4권)

열왕기상 심판으로 분열되고

열왕기하 멸망으로 포로된다.

역대상 구원은 족보로 연결되고

역대하 회복은 개혁으로 성취된다.

▶ 성전(3권)

에스라 성전재건 및 율법재건과

느헤미야 성벽재건은 영적재건으로 존재, 말씀, 거룩이 회복되어

에스더 구원의 삶을 살게 된다.

2. 체험적 시가서

구속역사의 체험적 완성(시가서 5권)

욥기 구원자가

시편 구원의 복을 주고

잠언 구원의 지혜를 통해

전도서 구원의 삶을 살게 하고

아가서 구원의 완성을 이룬다.

3. 신앙적 선지서

구속해설의 총론(대선지서 5권)

이사야 메시아 복음을 듣고

예레미야 회개 촉구를 통해

예레미야애가 하나님의 본심을 눈치 채면

에스겔 성령으로 인해

다니엘 구원의 삶을 살게 된다.

구속해설의 각론(소선지서 12권)

▶ 구원(5권)

호세아 구원의 근거는 사랑이고

요엘 구원의 방법은 성령이며

아모스 구원의 정의는 사람을 거룩하게 하는 의와

오바댜 구원의 공의는 하나님의 거룩한 의로

요나 구원의 표적은 회개하는 자에게 나타나는 은혜다.

▶ 복음(4권)

미가 복음과

나훔 심판은

하박국 실천적 복음과

스바냐 종말적 심판으로 나타난다.

▶ 성전(3권)

학개 성전 건축을 통해 구원을 설명하고

스가랴 그리스도의 일대기를 통해 구원의 방법을 제시하며

말라기 예배를 통해 구원의 삶을 살게 한다.

① 복음의 핵심을 통해

② 하나님의 비밀을 맡은 자가

③ 골든타임(말세) 재림의 시기에 골든 복음으로

④ 경건하게

⑤ 나죽예사 천국용사로 살면

⑥ 고난을 받는다.

⑦ 고난을 이기며 경건하게 사는 방법은 하나님과 교제하는 것이며

⑧ 결과는 성도의 인내로 왕 노릇이다.

- 신학은 하나님을 아는 지식으로 하나님을 알게 되는 비밀이며
- 신앙은 성도의 믿음생활로 하나님을 경외하는 신비이다.
- 신학의 비밀(예수의 생명) 구원과
- 신앙의 신비(성도의 순종) 구원의 삶은

  복음의 능력으로 완성된다.

▶ 신학의 비밀

1. **복음의 핵심**은 마태 • 마가 • 누가 • 요한복음으로 구약 언약의 성취

2. **복음의 비밀**은 사도 • 로마 • 고린도전후서로 임마누엘

3. **예수의 복음**은 갈라디아 • 에베소 • 빌립보 • 골로새서로 골든 복음

▶ 신앙의 신비

4. **복음의 생활**은 데살로니가전후 • 디모데전후서로 경건한 삶

5. **복음의 내용**은 디도 • 빌레몬 • 히브리 • 야고보서로 나죽예사

6. **복음의 현상**은 베드로전후서로 고난

▶ 복음의 능력으로 완성

7. **복음의 능력**은 요한1,2,3 • 유다서로 교제

8. **복음의 완성**은 요한계시록의 왕 노릇

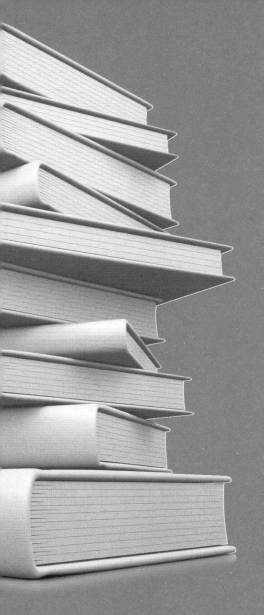

3

성경
1000독의
실제

1000 999 998 997 996 995 994 993 992 99
990 989 988 987 986 985 984 983 982 98
980 979 978 977 976 975 974 973 972 97
970 969 968 967 966 965 964 963 962 96
960 959 958 957 956 955 954 953 952 951 950 94
948 947 946 945 944 943 942 941 940 939 938 93
936 935 934 933 932 931 930 929 928 927 926 92
924 923 922 921 920 919 918 917 916 915 914 91
912 911 910 909 908 907 906 905 904 903 902 90
900 899 898 897 896 895 894 893 892 891 890 88
888 887 886 885 884 883 882 881 880 879 878 87
876 875 874 873 872 871 870 869 868 867 866 86
864 863 862 861 860 859 858 857 856 855 854 85
852 851 850 849 848 847 846 845 844 843 842 84

구체적인 통독 방법

성경의 특성을
먼저 이해하라

성경읽기의 일반적인 방법에는 사람들의 개인적인 특성이 있다. 정독을 하든 속독을 하든 개인의 특성이므로 전혀 상관이 없다. 정말 중요한 건 성경의 특성이다. 성경의 특성은 빨리 읽든 천천히 읽든 전혀 깨달아지지 않는다는 것이다. 어떠한 방식으로 읽어도 그렇다. 왜냐하면 내 방식 때문에 깨달아지지 않는다.

성경을 읽는 방법에 있어서 가장 중요한 건 성경의 특성을 이해하는 것이다. 앞서 말했듯이 성경의 특성은 읽는 주체가 다르다는 걸 깨닫는 것이다. 내가 읽는 게 아니라 성경이 나를 읽는다는 것이다.

내게 믿음을 주는 게 성경의 특성이고, 목적이다. 그러니까 내가 천천히 읽거나 빨리 읽거나 많이 읽거나 하는 것과 상관없이 성경의 특성은 내게 믿음을 주는 주체가 내 쪽에 있지 않다는 것이다. 하나님께서는 내가 어떤 열심을 갖느냐에 따라 좌우되는 분이 절대 아니다.

이상하게도 열심히 한 사람보다 덜 열심히 한 사람에게 은혜가 더 많은 경우가 있다. 이렇듯 이 세상에 불합리한 일이 더러 있는데 열심히 일한 사람이 더 가난하고, 조금 일한 사람이 더 부자가 되는 경우를 예로 들 수 있다. 깨닫는 것도 마찬가지이다. 그 사람의 방식에 의한 차이가 아니라 하나님께서 주신 성경의 특성 때문에 그렇다. 그것을 이해하는 게 중요하다.

성경읽기는 눈을 뜨는 작업이다. "쇠귀에 경 읽기"는 아무리 말해도 못 알아듣는다는 뜻으로, 대화 상대가 듣기는 듣는데 못 알아들을 때 이렇게 말한다.

나는 그것이 성경인지 몰랐다. 아무리 설교해도 못 알아듣는다. 하나님께서 성경, 말씀을 주셔서 선지자들을 통해 하나님의 말씀을 대언하게 하셨다. 나중에 글로 옮겨진 게 결국 성경이다.

성경을 그들에게 계속 음성으로 들려주셨다. 직접 말씀하신 것이다. 그런데 그들에게는 쇠귀에 경 읽기였다. 그래서 소경이 눈 뜨게 하는 것, 속담에서는 귀를 이야기하지만 사실 눈을 뜨는 걸 말하는 것이다.

하나님께서 바울에게 그렇게 하셨다. 그는 하나님의 사역이 이것이라는 걸 알았다. 단순하게 성경을 가르치는 게 잘못되고 모순이 있는 건 아니다. 하나님의 사역은 소경을 눈 뜨게 하는 것이다. 그것을 중명할 수 있는 게 사도행전이다.

각자의 눈을 뜨게 하면 자기가 직접 본다는 점에 착안했다. 그래서 성경통독을 한 후에 목회의 방향을 바꾸었다. 눈을 뜨게 하고, 그 사람을 지도자로 만드는 것으로. 눈을 뜨는 자가 지도자가 될 수 있다.

새로운 패러다임으로
성경읽기

역사적 구조로 구약성경 11권(창세기-출애굽기-민수기-여호수아-사사기-사무엘상-사무엘하-열왕기상-열왕기하-에스라-느헤미야)과 신약성경 3권(누가복음-사도행전-요한계시록)을 먼저 읽고, 전체적 뼈대를 세운다. 성경의 뼈대와 각 권의 초점을 갖고 문학적 구조로 성경을 읽는다.

성경을 시대별로 배열하여 읽으면 '역사적 성경읽기'라고 말할 수 있다. 또한 전통적으로 배열한 예배용 성경을 읽으면 '문학적 성경읽기'라고 말할 수 있다. 성경을 읽는 방식에 따라 부분적인 성경읽기가 있고, '전체적인 성경읽기'가 있다.

성경을 어떤 부분만 집중적으로 읽으면 성경을 부분적으로 이해하게 된다. 물론 부분적인 내용을 깊이 알 수 있는 장점은 있지만 성경의 전체 내용을 포괄적으로 이해하려면 전체적으로 읽어야 한다.

일반적으로 성경을 1년에 1독하기도 힘들어 하는 사람들이 꽤 많다. 창세기부터 요한계시록까지 예배용 성경으로 한 번에 쭉 읽는 게 쉽지 않기 때문이다. 그러나 성경을 역사적 구조로 읽게 되면 좀 더 짧은 시간에 전체적인 흐름을 이해할 수 있다. 성경 역사에 대한 지식과 성경의 뼈대와 같은 성경구조가 생기면 문학적으로 배열된 예배용 성경을 좀 더 쉽게 읽을 수 있다.

또 역사적 성경읽기와 문학적 성경읽기를 병행하면 성경의 전체적인 흐름뿐만 아니라 성경의 초점을 볼 수 있는 눈이 생긴다. 성경읽기를 통해서 성경의 초점을 잡으면, 그리스도와 더불어 왕 노릇 하는 삶을 살 수 있는 실제적인 적용에 이른다.

돋보기의 초점을 태양빛에 잘 맞추면 검은 종이를 태우는 놀라운 효과가 있다. 하나님의 말씀도 분명한 초점이 있다. 그 초점을 잡아야 한다. 말씀을 계속 읽다보면 처음에는 내용이 먼저 눈에 들어오고, 점진적으로 초점이 보인다. 초점은 내용의 목적을 말하는 것이다. 성경은 하나님의 목적을 알려주려고 기록한 것이다.

성경을 읽고 연구해도 초점을 잡지 못하면 내용만 아는 지식으로 끝날 수 있다. 예를 들어 태양과 지구에 대한 지식을 알고 있는 과학자라도 태양이 왜 열을 올리고, 지구가 왜 빠르게 돌고 있는지 잘 모르는 경우가 있다. 태양과 지구에 대한 지식은 있어도 목적은 모를수 있기 때문이다. 성경도 그 목적을 알면 내용의 의미를 좀 더 쉽고 명확하게 알 수 있다.

읽는 사람에 따른
성경통독법

성경읽기 첫 도전자라면

성경통독에 대해 도전을 주는 강의가 끝나면 간혹 성경통독의 방법에 대해 묻는 경우가 있다. 성경을 처음 읽는 사람이나 읽다가 포기한 쓰라린 경험이 있는 사람들에게 좋은 방법은 먼저 '읽기' 습관을 갖는 것이다.

그러나 어디서부터 어떻게 읽어야 될지 모르는 상태에서 무작정 읽기란 쉽지 않다. 그래서 짧은 시간에 성경을 파노라마식으로 조명하는 방법을 사용하면 좋다. 이 방법은 52일 동안 14권의 책으로 핵심적인 예수 그리스도의 역사적 이야기를 읽음으로 성경 역사를 1독하게 된다.

역사적 성경읽기는 성경 66권을 시대별로 분류하여 역사적 흐름을 주도하는 책을 중심으로 읽는 걸 말한다.

앞서 말한 총 14권(구약 11권, 신약 3권)으로 성경의 뼈대를 세우는 작업이다. 성경의 전체적인 초점을 빠른 시간에 잡을 수 있어 매우 유용하다.

성경읽기 경험자라면

성경통독의 경험이 많은 사람들은 90일 동안 창세기부터 요한계시록까지 66권을 문학적인 읽기로 1독하는 방법이 있다(삽지 참조, 15일, 45일, 90일 성경읽기표로 읽을 수 있다).

문학적 성경읽기는 역사적인 흐름으로 성경을 읽어 성경의 구조가 잡힌 상태에서 예배용 성경에 배열된 순서로 읽는 걸 말한다. 성경은 역사적 흐름 속에서 말씀하시려는 전체적인 초점이 있다. 그렇다고 해서 모든 책을 꼭 역사적 흐름에 집어넣어 읽어야 하는 건 아니다. 각 책별로 말씀하시는 부분적인 초점도 다양하기 때문에 예배용 성경으로 읽는 방법도 역사적 성경읽기와 비길 수 없을 만큼 중요하다.

성경읽기에는 연대, 지명, 인명, 도표, 사전적 지식보다 더 중요한 게 있다. 그것은 시공간을 초월한 하나님의 말씀이다. 말씀 자체는 시간과 공간을 초월한다. 또한 인명과 지명과 지식을 초월한다.

물론 이런 지식은 필요하다. 그러나 처음 성경읽기를 시작하는 어린아이나 새신자들에게는 하나님께서 언제(연대), 어디서(지명), 누구에게(인명), 어떻게(도표) 말씀했는지보다 더 중요한 게 초점이다.

하나님께서는 역사적, 체험적, 예언적으로 왜 내게 말씀하시는가? 창조의 목적과 인생의 목적과 성도의 목적인 초점을 먼저 찾아서 그 길을 발견해야 한다. 이렇게 기초 성경읽기가 되면 성경공부가 점진적으로 깊어진다.

성경읽기의
정조준

예수께서 이르시되

내가 곧 길이요 진리요 생명이니

나로 말미암지 않고는 아버지께로 올 자가 없느니라

요 14:6

그러므로 성도는 그 길(길 찾기)로 가야 하고, 그 진리(새 언약)를 알아야 하고, 그 생명(왕 노릇)으로 살아야 한다. 왕 노릇으로 살기 위해서는 "나는 죽었고, 예수 사셨네!"라는 고백이 있어야 한다.

성경을 읽을 때 초점을 잡고 읽는 것을 '성경의 정조준'이라고 한다. 무작정 읽기보다는 정조준해서 읽는 게 훨씬 좋다. 그렇게 읽다가 하나님께서 말씀하고 계신 초점이 보이기 시작하면 성경에서 길을 찾은 것과 같다. 성경에서 길을 찾으면 그리스도와 더불어 왕 노릇하는 비밀을 발견한 것이다.

그 비밀의 내용은 바로 새 언약의 새 계명인 참사랑이다. 하나님의 은혜로 구원을 얻게 한 '예수 믿음'은 '예수 사랑'으로만 표현된다. 그러므로 구원의 비밀은 사랑의 비밀이다. 성경읽기를 통해서 성경의 비밀을 볼 수 있는 눈이 생겨 진리의 길과 생명의 길을 찾고, 비밀을 품을 수 있는 마음이 생기면 새 언약을 완성한 그리스도의 사랑으로 살아진다.

정조준은 정확한 초점이다. 기도의 정조준이 하나님의 뜻에 초점을 맞춘 기도라면, 성경의 정조준은 그리스도가 나타나는 데 초점을 맞추는 것이다. 그러므로 성경읽기의 정조준은 그리스도에게 초점을 맞추고 읽는 것이다. 그렇게 읽으면 그리스도와 함께 왕 노릇 하는 초점의 비밀을 찾게 되고, 그 비밀의 열매가 외적인 부흥보다는 내적인 거룩으로 나타나게 된다.

목표와 시간에 따른
성경통독법

레제나하우스 성경읽기 방법은 조금 독특하다. 가장 먼저 로마서, 그다음은 바울서신, 그리고 신약을 1000독 하게 된다. 경우에 따라 로마서 2000독에 도전하는 사람도 있다. 그리고 바울서신을 건너뛰고 신약으로 넘어갈 수도 있다. 그러나 로마서와 바울서신은 큰 의미가 있다.

로마서 읽기를 통해 성경전체의 결론을 꿰뚫는 복음을 볼 수 있는 안경을 가질 수 있다. 또 바울서신을 통해서는 구약성경의 율법적 내용을 예수 그리스도의 복음적 의미로 전환시킬 수 있는 강력한 에너지가 생긴다. 그 후에 신약성경을 읽게 되면 복음서 내용(구원)이 사도행전(구원의 삶)을 거쳐 요한계시록(구원의 완성)에서 성취되는 걸 구조적으로 알게 된다.

결론적으로 구약성경은 예수 그리스도의 초림에 초점이 맞추어져 있으며, 신약성경은 재림에 정조준 되어 있다. 그러므로 구약성경을 읽기 전에 이런 성경의 결론을 먼저 알고 읽어야 전체의 흐름을 파악할 수 있는 예수 그리스도의 이야기가 보인다.

① 창조시대 예수 그리스도 안에서 새롭게 창조되는 시대

② 족장시대 하나님의 백성으로 예수 그리스도의 세계를 이루는 시대

③ 광야시대 광야 같은 세상에서 예수로 사는 시대

④ 정복시대 옛사람의 원주민을 정복하는 시대

⑤ 사사시대 자기 소견을 버리고 말씀의 옳은 대로 사는 시대

⑥ 통일왕국 하나님을 자기 왕으로 인정하고 섬기는 시대

⑦ 분열왕국 하나님 보시기에 합당한 삶을 사는 시대

⑧ 포로시대 세속의 문화에 포로 잡힌 시대

⑨ 귀환시대 세상의 포로에서 복음으로 귀환하는 시대

⑩ 침묵시대 역사적 초림의 침묵시대에서 종말적 재림의 침묵시대

⑪ 복음시대 개인적 침묵시대 깨뜨리는 과거적 구원의 시대

⑫ 교회시대 성령의 역사로 임마누엘 된 현재적 연합의 시대

⑬ 영원시대 영적인 침묵시대 깨뜨리는 미래적 완성의 시대

창조과정사에 대해서 내 생각으로 **통분, 포귀, 침묵**하면 안 된다.

복음, 교회시대가 **영원**하기 때문이다.

1. 창조과정사 : 아브라함의 언약은 어린양의 구원

• **창조시대** 예정된 종말의 계획된 창조는 새하늘과 새땅으로의 출발하여

• **족장시대** 하나님의 복, 씨, 땅의 약속은 여자의 후손 예수 그리스도다.

• **광야시대** 광야생활은 교회생활의 구원의 삶으로

• **정복시대** 옛사람의 원주민을 정복해 구원의 안식과

• **사사시대** 말씀의 통치로 왕 노릇 해 순종의 안식을 누린다.

2. 통분포귀침묵 : 다윗의 언약은 성전의 삶

• **통일왕국** 하나님을 왕으로 섬기는 메시아 왕국을 세우려고

• **분열왕국** 세상 왕국은 징계로 분열시키고 바른길을 제시한다.

• **포로시대** 세상의 고난을 통해 하나님께로 가는 길로 인도하고

• **귀환시대** 무너진 성전, 율법, 성벽을 통해 영적 재건을 완성하는

• **침묵시대** 여자의 후손인 예수 그리스도의 초림을 준비한다.

3. 복음교회영원 : 아담의 언약은 여자의 후손 예수 그리스도

• **복음시대** 예수 그리스도의 초림으로 구원해 개인적 침묵시대를 깨고

• **교회시대** 성령으로 연합된 임마누엘의 삶으로 세계선교를 성취하며

• **영원시대** 예수 그리스도의 재림으로 왕 노릇 하는 성도로 완성된다.

구약의 구원 역사

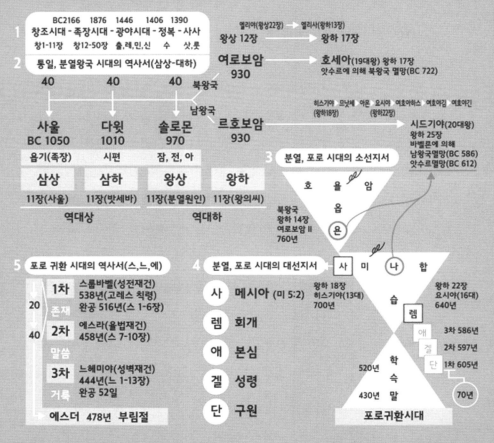

1 창조시대 - 족장시대 - 광야시대 - 정복 - 사사
BC2166　1876　1446　1406　1390
창1-11장　창12-50장　출,레,민,신　수　삿,룻

2 통일, 분열왕국 시대의 역사서(삼상-대하)

엘리야(왕상22장) → 엘리사(왕하13장)
왕상 12장 → 왕하 17장

여로보암 → 호세아(19대왕) 왕하 17장
930　앗수르에 의해 북왕국 멸망(BC 722)

40　40　40　북왕국
　　　　　　남왕국

히스기야 므낫세 아몬 요시아 여호아하스 여호아김 여호아긴
(왕하18장)　　　　(왕하22장)

르호보암 → 시드기야(20대왕)
930　왕하 25장
바벨론에 의해
남왕국멸망(BC 586)
앗수르멸망(BC 612)

사울　다윗　솔로몬
BC 1050　1010　970
욥기(족장)　시편　잠, 전, 아

삼상　삼하　왕상　왕하
11장(사울)　11장(밧세바)　11장(분열원인)　11장(왕의씨)
역대상　　역대하

3 분열, 포로 시대의 소선지서

호　욜　암
욥
욘

북왕국
왕하 14장
여로보암 II
760년

사　미　나　합
　　　　습
왕하 18장　렘
히스기야(13대)
700년
왕하 22장
요시아(16대)
640년

애 3차 586년
겔 2차 597년
단 1차 605년
70년

5 포로 귀환 시대의 역사서(스,느,에)

1차 스룹바벨(성전재건)
538년(고레스 칙령)
완공 516년(스 1-6장)
20　존재
2차 에스라(율법재건)
458년(스 7-10장)
40　말씀
3차 느헤미야(성벽재건)
444년(느 1-13장)
거룩　완공 52일

에스더 478년 부림절

4 분열, 포로 시대의 대선지서

사　메시아 (미 5:2)
렘　회개
애　본심
겔　성령
단　구원

학
　숙
520년
430년　말
포로귀환시대

©조상연

1. 역사적 구조로 성경읽기(14권)

1) 개역개정(1.4배속) 약 830분(14시간), 30분 × 30일 = 성경골조 1독
   - 골조과정 : 6일 × 5주 = 30일, 1주 오리엔테이션, 총 6주
   - 창세기(108분), 출애굽기(84분), 민수기(81분), 여호수아(48분), 사사기(50분), 사무엘상(64분), 사무엘하(54분), 열왕기상(62분), 열왕기하(60분), 에스라(20분), 느헤미야(28분), 누가복음(70분), 사도행전(65분), 요한계시록(35분)

2) 개역개정(1.6배속) 약 722분(12시간), 30분 × 24일 = 성경골조 1독
   - 창세기(88분), 출애굽기(70분), 민수기(72분), 여호수아(42분), 사사기(44분), 사무엘상(60분), 사무엘하(50분), 열왕기상(58분), 열왕기하(55분), 에스라(17분), 느헤미야(26분), 누가복음(59분), 사도행전(54분), 요한계시록(27분)

3) 개역개정(2.0배속) 약 580분(10시간), 25분 × 24일 = 성경골조 1독
   - 창세기(71분), 출애굽기(56분), 민수기(58분), 여호수아(34분), 사사기(35분), 사무엘상(48분), 사무엘하(40분), 열왕기상(46분), 열왕기하(44분), 에스라(14분), 느헤미야(21분), 누가복음(47분), 사도행전(43분), 요한계시록(22분)

성경역사 1독 52일 읽기표

주	통독일	날짜	성경 말씀	비고(1.6배속)	시간
1	1일		창 01~11장	11장	14분
	2일		창 12~20장	9장	12분
	3일		창 21~26장	6장	12분
	4일		창 27~36장	10장	21분
	5일		창 37~43장	7장	14분
	6일		창 44~50장	7장	13분
2	7일		출 01~06장	6장	9분
	8일		출 07~12장	6장	11분
	9일		출 13~18장	6장	10분
	10일		출 19~24장	6장	9분
	11일		출 25~31장	7장	12분
	12일		출 32~40장	9장	17분
3	13일		민 01~05장	5장	11분
	14일		민 06~10장	5장	11분
	15일		민 11~15장	5장	9분
	16일		민 16~25장	10장	19분
	17일		민 26~30장	5장	9분
	18일		민 31~36장	6장	11분
4	19일		수 01~08장	8장	13분
	20일		수 09~16장	8장	13분
	21일		수 17~24장	8장	15분
	22일		삿 01~08장	8장	17분
	23일		삿 09~16장	8장	16분
	24일		삿 17~21장	5장	10분

5	25일		삼상 01~08장	8장	12분
	26일		삼상 09~15장	7장	15분
	27일		삼상 16~23장	8장	17분
	28일		삼상 24~31장	8장	14분
	29일		삼하 01~07장	7장	12분
	30일		삼하 08~12장	5장	8분
6	31일		삼하 13~18장	6장	15분
	32일		삼하 19~24장	6장	14분
	33일		왕상 01~06장	6장	14분
	34일		왕상 07~11장	5장	15분
	35일		왕상 12~16장	5장	12분
	36일		왕상 17~22장	6장	16분
7	37일		왕하 01~07장	7장	15분
	38일		왕하 08~13장	6장	13분
	39일		왕하 14~17장	4장	9분
	40일		왕하 18~25장	8장	17분
	41일		스 01~10장	10장	17분
	42일		느 01~13장	13장	26분
8	43일		눅 01~04장	4장	10분
	44일		눅 05~09장	5장	14분
	45일		눅 10~17장	8장	17분
	46일		눅 18~24장	7장	17분
	47일		행 01~06장	6장	10분
	48일		행 07~12장	6장	12분
9	49일		행 13~21장	9장	18분
	50일		행 22~28장	7장	12분
	51일		계 01~11장	11장	13분
	52일		계 12~22장	11장	14분

2. 문학적 구조로 성경읽기(66권)

1) 개역개정(1.4배속) 37시간, 45분 × 50일 = 신구약 1독

   개역한글 구약 26:55분 + 신약 8:55분 = 35시간 50분

   개역개정 구약 28:09분 + 신약 8:46분 = 36시간 55분

2) 개역개정(1.6배속) 32시간, 40분 × 50일 = 신구약 1독

   개역한글 구약 23:35분 + 신약 7:50분 = 31시간 25분

   개역개정 구약 24:40분 + 신약 7:20분 = 32시간

3) 개역개정(2배속) 26시간, 30분 × 50일 = 신구약 1독

   개역한글 구약 18:50분 + 신약 6:15분 = 25시간 05분

   개역개정 구약 19:40분 + 신약 5:50분 = 25시간 30분

구약통독 시간 배정표

	[개역한글 구약 2배속]	개정1.6배속	개역1.4배속
01	창세기[50장 75분]	90분	108분
02	출애굽기[40장 60분]	70분	84분
03	레위기[27장 40분]	50분	57분
04	민수기[36장 57분]	72분	81분
05	신명기[34장 50분]	65분	72분
06	여호수아[24장 34분]	42분	48분
07	사사기[21장 35분]	45분	50분
08	룻기[4장 5분]	6분	7분
09	사무엘상[31장 45분]	60분	64분
10	사무엘하[24장 37분]	50분	54분
11	열왕기상[22장 44분]	58분	62분

12	열왕기하[25장 41분]	55분	60분
13	역대상[29장 39분]	54분	56분
14	역대하[36장 47분]	65분	67분
15	에스라[10장 13분]	18분	20분
16	느헤미야[13장 20분]	26분	28분
17	에스더[10장 10분]	12분	14분
18	욥기[42장 38분]	48분	54분
19	시편[150 92분]	120분	132분
20	잠언[31장 31분]	40분	45분
21	전도서[12장 12분]	15분	16분
22	아가서[8장 5분]	7분	8분
23	이사야[66장 70분]	97분	100분
24	예레미야[52장 77분]	105분	110분
25	예레미야애가[5장 7분]	10분	10분
26	에스겔[48장 70분]	90분	99분
27	다니엘[12장 21분]	30분	31분
28	호세아[14장 10분]	14분	15분
29	요엘[3장 4분]	5분	6분
30	아모스[9장 8분]	10분	11분
31	오바댜[1장 1분]	2분	2분
32	요나[4장 3분]	4분	4분
33	미가[7장 6분]	8분	9분
34	나훔[3장 3분]	4분	5분
35	하박국[3장 3분]	4분	5분
36	스바냐[3장 3분]	4분	5분
37	학개[2장 2분]	3분	3분
38	스가랴[14장 12분]	15분	16분
39	말라기[4장 4분]	5분	6분

신약통독 시간 배정표

	[개역한글 신약 2배속]	개정1.6배속	개역1.4배속
01	마태복음[28장 50분]	55분	65분
02	마가복음[16장 30분]	35분	45분
03	누가복음[24장 55분]	60분	70분
04	요한복음[21장 42분]	48분	60분
05	사도행전[28장 47분]	55분	65분
06	로마서[16장 20분]	24분	30분
07	고린도전서[16장 20분]	24분	28분
08	고린도후서[13장 14분]	16분	20분
09	갈라디아서[6장 7분]	8분	10분
10	에베소서[6장 7분]	8분	10분
11	빌립보서[4장 5분]	6분	7분
12	골로새서[4장 5분]	6분	7분
13	데살전서[5장 4분]	5분	6분
14	데살후서[3장 2분]	3분	4분
15	디모데전서[6장 6분]	7분	8분
16	디모데후서[4장 4분]	5분	6분
17	디도서[3장 2분]	3분	3분
18	빌레몬서[1장 1분]	1분	2분
19	히브리서[13장 15분]	18분	22분
20	야고보서[5장 5분]	6분	8분
21	베드로전서[5장 5분]	6분	8분
22	베드로후서[3장 3분]	4분	5분
23	요한일서[5장 5분]	6분	8분
24	요한이서[1장 1분]	1분	1분
25	요한삼서[1장 1분]	1분	1분
26	유다서[1장 1분]	1분	2분
27	요한계시록[22장 22분]	28분	35분

진리의 말씀에 뿌리를 내리라

- '말.중.자'(말씀의 중독자)의 삶으로 초대

최고의 소망

마지막 희망

탈무드에 나오는 이야기이다. 랍비 아키바가 여행을 하고 있었다.
나귀와 개가 그와 동행했다. 밤이 어두워 머물 곳을 찾다가 마침 헛
간을 발견하고 그곳에서 밤을 지내기로 했다. 그는 잠자리에 들기
전에 갖고 있던 등잔을 켜고 책을 폈다. 그때 갑자기 바람이 불어 불
이 꺼져버렸다. 그는 할 수 없이 잠을 청했다.

그런데 그가 자는 사이에 여우가 나타나 개를 물어 죽였다. 또 사
자가 나귀를 잡아먹었다. 해가 뜨자 그는 등잔만 들고 혼자 길을 떠
났다.

얼마 후에 가까운 마을에 도착했는데 살아 있는 사람들의 흔적이
보이지 않았다. 전날 밤에 도둑들이 마을을 습격해서 주민들을 전부

살해한 거였다. 아키바는 생각했다.

 '만일 바람에 등불이 꺼지지 않았더라면 나도 도둑들에게 발각되어 죽임을 당했겠구나. 만일 개가 여우에게 물려 죽지 않았더라면 마구 짖어댔을 것이고, 나귀가 사자에게 물려 죽지 않았더라면 소란을 피웠을 것이다. 그랬다면 나도 도둑들에게 발각되었을지도 모른다. 내가 가진 걸 몽땅 잃었기에 죽음을 면할 수 있었구나.'

 때때로 최악의 상황이 최선으로 통하는 전화위복이 될 수 있다. 내게 최악의 상황은 교회의 본질적 문제와 자녀의 질병이었다. 그것이 결국 성경통독을 붙잡는 계기가 되었다.

 지금까지 최악의 상황과 심각한 환경 때문에 성경을 읽는 게 쉽지 않아서 잘 읽지 못했다면 앞으로도 성경읽기가 힘들고 어려울 거라고 생각할 수 있다. 그러나 그렇지 않다. 우리 인생의 모든 문제의 해답은 성경에 있기 때문에 마음이 어려울수록 성경읽기는 더욱 쉬워지며, 상황과 환경이 좋지 않을수록 더 읽게 될 것이다.

 하나님께서는 우리가 성경으로 돌아오기를 기다리시면서 성경을 통해 결혼, 자녀, 진로와 취업, 직장에 대한 해답을 말씀하신다. 또 용서와 사랑, 축복과 저주, 죽음과 생명, 천국과 지옥에 대해 말씀하신다. 이처럼 성경은 하늘의 정보를 제공하여 땅의 문제를 넘어서게 하는 해답을 가지고 있다.

예전에 〈상속자들〉이라는 드라마가 방영된 적이 있었다. 그 드라마의 부제는 "왕관을 쓰려는 자, 그 무게를 견뎌라"였다. 부잣집 자제들이 부모의 상속을 받기 위해 그만큼 감당할 만한 그릇이 되어야 한다는 이야기였다. 성도들은 우주의 가장 큰 부자이신 하나님 아버지의 자녀들로 사생자가 아닌 상속자들이다.

너희가 참음은 징계를 받기 위함이라
하나님이 아들과 같이 너희를 대우하시나니
어찌 아비가 징계하지 않는 아들이 있으리요
징계는 다 받는 것이거늘
너희에게 없으면 사생자요 참 아들이 아니니라

히 12:7,8(개역한글)

성령이 친히 우리의 영과 더불어

우리가 하나님의 자녀인 것을 증언하시나니
자녀이면 또한 상속자 곧 하나님의 상속자요
그리스도와 함께 한 상속자니
우리가 그와 함께 영광을 받기 위하여
고난도 함께 받아야 할 것이니라

롬 8:16,17

하나님의 상속자는 말씀의 무게를 견뎌야 한다. 하나님의 약속을 믿기 때문이다. 또한 기도의 무게도 견뎌야 한다. 이는 하나님의 일하심을 믿기 때문이다. 상처투성이인 우리의 삶을 거룩하고 복되게 하는 건 오직 하나님의 말씀과 기도이다.

또한 인생 최고의 소망도, 마지막 희망도 성경이다. 성경을 통해 성공할 수 있고, 깨달음을 얻을 수 있다. 우리에게 최고의 깨달음은 하나님의 선하심을 아는 것이고, 최고의 성공은 그분께 순종하는 것이다.

하늘의 진리에
뿌리내린 자

책을 읽을 때 세 번에 걸쳐 읽는 '독삼독(讀三讀)'의 방법이 있다. 먼저 책의 내용을 파악하며 읽는다. 그러고 나서 저자의 의도를 파악하며 읽는다. 마지막으로 독자의 자기 반응을 살피면서 읽는다. 나는 성경을 수없이 읽으면서 이 의미를 깨닫게 되었다.

먼저 성경의 내용을 구조적으로 보게 되었고, 그것이 하나님의 의도라는 것도 알게 되었다. 그리고 결국 성경은 독자인 나를 성령의 감동으로 깨닫게 하여 하나님께 순종하며 살게 하시는 그분의 성공 전략임을 선명하게 눈치 챘다.

이것은 하나님의 말씀에 지독하게 중독되어 읽으면 생각지도 못한 생각으로 순종하게 되는 읽기 방법이다. 나는 성경을 이렇게 읽었다. 지치지 않고 성경에 중독되어 고독한 길을 가다가 진리의 길에 들어서게 되었다.

예수께서 이르시되 내가 곧 길이요 진리요 생명이니

나로 말미암지 않고는 아버지께로 올 자가 없느니라

요 14:6

멀고도 험한 인생길을 돌고 돌아서 성경으로 돌아오면 생각지도 못한 평안과 참 안식이 찾아온다. 그러나 이런 평안을 얻기 위해 성경을 읽을 때면 때론 성경읽기가 고통이 되고, 참 안식을 찾으려고 성경을 읽을 때면 환난이 찾아오기도 한다. 그래서 어떤 사람들은 성경을 읽다가 에너지가 소진되기도 한다.

일반적으로 성경을 읽다가 깊이 묵상할 만한 구절을 만나면 '큐티 모드'로 전환하여 읽기를 중단한다. 또한 성경을 읽다가 이해가 안 되는 부분이 나오면 '성경공부 모드'로 전환하여 주석 등의 책을 참고로 그 부분을 이해하고 다시 읽으려 한다. 그래서 지속적인 성경읽기가 어려워지고 에너지가 소진된다.

성경읽기는 큐티나 성경공부와 달라서 계속 읽어나가지 못하면 성취감이 떨어져 스트레스를 받게 된다. 그러나 성경은 가장 강력한 믿음 에너지를 공급하여 환난과 고통을 이기게 한다. 자기 생각을 내려놓고 아주 쉽게 성경을 읽으면 에너지가 충전되는 경험을 할 수 있다.

이는 마치 콩나물 기르기와 비슷하다. 시루에 심은 콩에 물을 주면 물은 밑으로 다 빠져나가지만 시간이 지나면 지날수록 콩나물은 자란다. 이렇게 쉬운 성경읽기를 쉽게 하지 못하는 이유는 읽는 방식을 너무 어렵게 생각하기 때문이다.

　좀 더 쉽게 성경읽기에 접근하는 방법은 의외로 간단하다. 성경읽기는 어려운 공부가 아니다. 우리가 살아야 될 인생의 매뉴얼로 읽는 것이고, 생명의 양식으로 매일 차려진 진수성찬을 먹는 일이다.

　모든 사람이 땅에 발을 딛고 살지만 머리를 하늘로 들고 사는 건 하늘에 뿌리를 두라는 의미이다. 사람의 뿌리는 머리이다. 머리는 생각의 지식으로 영원한 생명의 양식을 공급받을 수 있는 뿌리이기 때문이다. 그 머리를 땅에 두고 사는 사람이 있고, 하늘에 두고 사는 사람이 있다. 그러나 극심한 가뭄에도 쉽게 말라 죽지 않는 나무는 뿌리를 깊이 내린 나무이다.

　영성이 깊은 사람은 극심한 환난과 고난에도 쉽게 무너지지 않는다. 그런 사람은 세상의 고난을 뚫고 갈 수 있는 믿음의 영양분을 공급받기 때문이다. 그러므로 하늘에 뿌리를 두는 자는 하늘의 진리가 담긴 말씀에 뿌리를 깊게 내리게 된다.

나의 영혼이 주의 구원을 사모하기에 피곤하오나

나는 주의 말씀을 바라나이다

나의 말이 주께서 언제나 나를 안위하실까 하면서

내 눈이 주의 말씀을 바라기에 피곤하니이다

시 119:81,82

현 시대는 땅에 뿌리내리고 살면서 세상에 깊이 중독되어 세상에 빠져 살아간다. 일, 골프, 자전거, 등산, 스킨스쿠버, 연주, 승마, 요트, 사진, 낚시, 게임, 마라톤, 여행 등등 정말 다양한 것에 중독된 것 같다.

2차 세계 대전이 끝난 후 코카콜라는 세계를 지배해갔다. 코카콜라 사장인 로버트 우드러프는 늘 이렇게 말하곤 했다.

"내 혈관 속에는 피가 아니라 코카콜라가 흐른다!"

그는 콜라에 미쳐 있었다. '미쳤다'라는 건 '깊이'를 의미한다. 그런데 깊이보다 중요한 게 '방향'이다.

도박에 미친 사람이 도박에 대해 아무리 깊이 있게 말해도 그 깊이는 악의 깊이일 뿐이다. 올바른 방향으로 죽도록 미쳐도 후회가 없는 진리를 발견하고, 그 진리를 위해 미치도록 달려가는 사람은 행복한 사람이다.

알코올 중독자가 술로 살다가 죽고 마약중독자가 마약으로 살다가 죽게 되듯이, 예수 중독자가 되면 예수로 살다가 예수로 죽게 된다. 또한 말씀 중독자가 되면 그리스도의 능력으로 살다가 하나님의 나라에 가게 된다. 어딘가에 중독되는 삶을 살 바에는 오직 주 예수께 미치고 말씀에 중독되어 보면 어떨까?

온 땅의 성도들이여, 말씀의 중독자가 되자!

Loving People Blessing Nations!
레제나하우스

📖 레제나하우스 소개

- 레제나는 레위인, 제사장, 나실인의 앞 자를 딴 것으로 구별된 성도의 호칭이다.
- 레제나는 세상의 선교사로 사람을 사랑하고 세상을 축복하는 거룩한 사명이다.
- 레제나하우스는 성경통독으로 새로운 종교개혁에 헌신하는 세계 선교의 현장이다.

📖 레제나하우스 비전

〈레제나하우스 비전은 성경통독을 통해 새로운 종교개혁이 일어나는 세계선교〉

- 레제나는 같은 말로 그리스도의 생명과 본질을 드러내는 구속사를 전개한다.
- 레제나는 같은 마음을 품고 믿음으로 순종하여 새로운 종교개혁을 일으킨다.
- 레제나는 같은 뜻을 갖고 성경 읽는 가정, 교회, 나라가 되게 세계 선교한다.

📖 레제나하우스 사역

·세미나 사역

레제나하우스는 성경통독 전문기관으로 성경통독 세미나(비전통독 90일, 말씀관통 52일)와 주제별 단기과정 세미나(성경통독 필독서, 신구약 구속사, 말통강사과정, 다음세대 강사과정)와 말통목사의 성경한권 세미나 사역을 한다.

• 사역자 양성사역

레제나하우스는 신실한 신앙인이 은퇴 후에도 영적 노후사역(목회사역팀과 노후사역팀)으로 성경통독 선교사 또는 성경통독 인도자로 활동할 수 있도록 훈련시키는 사역을 한다.

• 성경통독원 사역

레제나하우스는 전 세계 열방에 성경 읽는 가정과 교회와 나라를 세우기 위해 말통축제, 말통집회, 성경읽기팀을 운영할 수 있는 성경통독원을 개설하도록 돕고 함께 연합사역을 한다.

📖 레제나하우스 성경통독 과정

• 말씀관통 52일 (연대기 10주 과정)

《말씀 관통 프로젝트》는 성경 66권을 13시대로 나누고 역사적 핵심이 되는 14권을 선별하여 전체적인 성경의 골조를 세우는 과정이다. 본 과정은 첫째로 옛사람이 벗어지고 새사람의 형상을 덧입는 은혜를 알게 된다. 둘째로 성경역사가 마스터 되고 존재와 말씀과 거룩이 회복된다. 셋째로 마음속에 있는 원망, 분함, 악의, 비방, 부끄러운 말이 말씀통독을 통해 '사랑하고 축복하는 마음'과 '나는 죽었고 예수 사셨네!' 고백하는 기적의 삶이 된다.

• 비전 통독 90일 (구속사 16주 과정)

《비전 통독》은 성경 66권을 구속사로 관통하여 예수님의 스토리를 알아가는 과정이다. 본 과정은 첫째로 예수통치가 임하여 Yes! 아멘 순종하는 비전을 알게 된다. 둘째로 성경 66권을 90일 동안 구속사적 관점으로 관통하게 된다. 셋째로 나는 죽었고 예수 사셨네! 의 '나죽예사'와 사람을 용서하고 사랑하는 '천국용사'의 삶이 플러스 된다.

📖 레제나하우스 주제별 단기과정

• 성경역사 개관

성경역사 개관은 두 개의 폴더 형식으로 된 내용을
설명하는 것으로 짧은 시간에 성경역사를 정리할 수
있다.

• 신구약 구속사 개관

신구약 구속사 개관은 두 개의 폴더 형식으로 된 내
용을 설명하는 것으로 짧은 시간에 신구약 66권 전
체를 한눈에 파악할 수 있다.

• 성경통독 동기부여 특강

레제나하우스가 추천하는 《도전! 성경 1000독》은 성경읽기를
시작하도록 돕는 동기부여로 탁월한 책이다.

• 성경통독 방법론 특강

레제나하우스가 추천하는 《도전! 로마서 1000독》에는 성경을
어떻게 읽으면 좋은지에 대한 방법론이 담겨있다.

📖 **말통목사의 성경한권 시리즈**

말통목사의 성경한권 시리즈 는 신구약 66권을
한 권씩 진행하는 세미나다.

📖 **레제나하우스 후원 안내**

- 농협 355-3735-0765-73 예금주 **(기독교한국침례회 죠이교회)**
- 기부금 영수증이 필요한 경우 미션펀드로 후원 http://go.missionfund.org/lejena
  미션펀드는 레제나하우스 후원금에 대해 기부금 영수증 발급을 대행하는 선교단체
- 문의 : 행정간사 010-5259-0765
  홈페이지 www.lejena.net
  이메일 joy-jsy@hanmail.net

도전! 성경 1000독

초판 1쇄 발행	2016년 5월 9일
초판 10쇄 발행	2024년 10월 25일

지은이	조상연

펴낸이	여진구		
책임편집	김아진		
편집	이영주 박소영 최현수 구주은 안수경 김도연 정아혜		
책임디자인	마영애 노지현 조은혜		
홍보·외서	진효지		
마케팅	김상순 강성민	마케팅지원	최영배 정나영
제작	조영석 허병용	경영지원	김혜경 김경희

303비전성경암송학교 유니게 과정
이슬비전도학교 / 303비전성경암송학교 / 303비전꿈나무장학회

펴낸곳	규장

주소 06770 서울시 서초구 매헌로 16길 20(양재2동) 규장선교센터
전화 02)578-0003   팩스 02)578-7332
이메일 kyujang0691@gmail.com   홈페이지 www.kyujang.com
페이스북 facebook.com/kyujangbook   인스타그램 instagram.com/kyujang_com
카카오스토리 story.kakao.com/kyujangbook
등록일 1978.8.14. 제1-22

ⓒ 저자와의 협약 아래 인지는 생략되었습니다.
이 출판물은 저작권법에 의해 보호를 받는 저작물이므로 무단 전재와 무단 복제를 할 수 없습니다.

책값 뒤표지에 있습니다.
ISBN 978-89-6097-449-4 03230

규 | 장 | 수 | 칙

1. 기도로 기획하고 기도로 제작한다.
2. 오직 그리스도의 성품을 사모하는 독자가 원하고 필요로 하는 책만을 출판한다.
3. 한 활자 한 문장에 온 정성을 쏟는다.
4. 성실과 정확을 생명으로 삼고 일한다.
5. 긍정적이며 적극적인 신앙과 신행일치에의 안내자의 사명을 다한다.
6. 충고와 조언을 항상 감사로 경청한다.
7. 지상목표는 문서선교에 있다.

하나님을 사랑하는 자 곧 그의 뜻대로 부르심을 입은 자들에게는 모든 것이 合力하여 善을 이루느니라(롬 8:28)

규장은 문서를 통해 복음전파와 신앙교육에 주력하는 국제적 출판사들의
협의체인 복음주의출판협회(E.C.P.A:Evangelical Christian Publishers
Association)의 출판정신에 동참하는 회원(Associate Member)입니다.